☞ W9-BPT-723

dr. rick hanson

autor de **El Cerebro de Buda**

solo
Una
cosa

editorial Sirio

Si este libro le ha interesado y desea que lo mantengamos informado de nuestras publicaciones, escríbanos indicándonos cuáles son los temas de su interés (Autoayuda, Espiritualidad, Qigong, Naturismo, Enigmas, Terapias Energéticas, Psicología práctica, Tradición...) y gustosamente lo complaceremos.

Puede contactar con nosotros en
comunicación@editorialsirio.com

Título original: JUST ONE THING
Traducido del inglés por Antonio Luis Gómez Molero
Diseño de portada: Editorial Sirio, S.A.
Ilustración de portada: Beboy - Fotolia.com

© de la edición original
2011 Rick Hanson
New Harbinger Publications, Inc., 5674 Shattuck Avenue, Oakland, CA 94609, USA

© de la presente edición

EDITORIAL SIRIO, S.A.	EDITORIAL SIRIO	ED. SIRIO ARGENTINA
C/ Rosa de los Vientos, 64	Nirvana Libros S.A. de C.V.	C/ Paracas 59
Pol. Ind. El Viso	Camino a Minas, 501	1275- Capital Federal
29006-Málaga	Bodega nº 8,	Buenos Aires
España	Col. Lomas de Becerra	(Argentina)
	Del.: Alvaro Obregón	
	México D.F., 01280	

www.editorialsirio.com
E-Mail: sirio@editorialsirio.com

I.S.B.N.: 978-84-7808-899-7
Depósito Legal: MA-301-2013

Impreso en los talleres gráficos de Romanya/Valls
Verdaguer 1, 08786-Capellades (Barcelona)

Printed in Spain

3 1907 00323 9893

Para Jan, mi sorprendente,
espectacular y bella esposa

INTRODUCCIÓN

USAR TU MENTE PARA CAMBIAR TU CEREBRO

Este es un libro de prácticas. Son tareas sencillas que puedes llevar a cabo de forma rutinaria, principalmente dentro de tu mente, y que te ayudarán en tu vida e incrementarán tu sensación de seguridad y valía personal, bienestar, resiliencia, eficacia, conocimiento y paz interior. Entre ellas podríamos citar *apreciar lo bueno, proteger tu cerebro, sentirte más seguro, reducir la ansiedad que te causa la imperfección, aprender a no saber, disfrutar de tus manos, encontrar tu refugio* y *llenar el vacío de tu corazón.*

A primera vista podrías sentir la tentación de subestimar el poder de estos ejercicios, aparentemente simples. Pero gracias a ellos tu cerebro irá cambiando gradualmente mediante la *neuroplasticidad basada en la experiencia.*

Momento a momento, cualquier cosa de la que eres consciente (sonidos, sensaciones, pensamientos, o tus anhelos más íntimos) está basada en la actividad neural intrínseca; lo mismo sucede con los procesos mentales inconscientes, como la consolidación de la memoria o el control de la respiración. *Cómo* produce exactamente el cerebro —que es

7

una entidad física– esta conciencia no física sigue siendo un gran misterio. Pero aparte de la posible influencia de factores trascendentales (puedes llamarlos Dios, Espíritu, la Raíz o simplemente no darles nombre alguno), hay una correspondencia exacta entre las actividades neurales y las mentales.

Funciona en ambos sentidos: conforme cambia tu cerebro, tu mente también cambia; y al modificarse tu mente, tu cerebro también lo hace. Esto significa que aquello a lo que prestas atención, aquello que piensas, sientes y quieres, así como la forma en que trabajas con tus reacciones a aquello que se te presenta, va esculpiendo tu cerebro de múltiples formas:

* Las regiones más activas obtienen un mayor flujo de sangre, ya que necesitan más oxígeno y glucosa.
* Los genes que están dentro de las neuronas se vuelven más o menos activos; por ejemplo, las personas que adquieren el hábito de relajarse tienen más activos los genes que calman las reacciones de estrés, haciéndolos más resilientes (Dusek *et al.* 2008).
* Las conexiones neurales que están relativamente inactivas desaparecen; es lo que podríamos llamar un tipo de darwinismo neural, la supervivencia de las células más activas. Lo que no se usa, se atrofia.
* «Las neuronas que se activan juntas, quedan conectadas entre sí.» Esta frase del psicólogo Donald Hebb significa que las sinapsis activas (las conexiones entre neuronas) se vuelven más sensibles y además crean nuevas sinapsis, produciendo capas neurales más gruesas. Por ejemplo, los taxistas que han memorizado la maraña de las calles

de Londres tienen un *hipocampo* (la parte del cerebro que nos ayuda a formar recuerdos visuales y espaciales) más grueso al final de su aprendizaje (Maguire *et al.* 2000). Del mismo modo, las personas que acostumbran a practicar la meditación de atención plena desarrollan capas más gruesas de neuronas en la *ínsula* (una región que se activa cuando te sintonizas con tu cuerpo y tus emociones) y en partes del *córtex prefrontal* (parte frontal del cerebro), que controla la atención (Lazar *et al.* 2005).

Los detalles son complejos, pero el punto que quiero resaltar es simple: *la forma en que usas tu mente cambia tu cerebro*, tanto para bien como para mal.

Se solía decir que la mente toma la forma de aquello en lo que se fija; la versión moderna de este dicho es que el *cerebro* toma la forma de aquello en lo que la mente se fija. Por ejemplo, si por regla general tu mente se centra en preocupaciones, autocrítica y enfado, tu cerebro gradualmente tomará la forma (desarrollará las dinámicas y las estructuras neurales) de la ansiedad, la baja autoestima y la reactividad exagerada hacia los demás. Por el contrario, si con frecuencia te centras en, por ejemplo, *darte cuenta de lo bien que estás en este momento, en ver lo bueno de ti mismo y en relajarte* (tres de las prácticas que encontrarás en este libro), tu cerebro irá gradualmente adquiriendo la forma de la fortaleza interior, la confianza y la serenidad.

No puedes impedir que tu cerebro cambie. La única cuestión aquí es: ¿está cambiando en la forma que tú quieres?

TODO LO QUE HACE FALTA ES PRÁCTICA

Aquí es donde entra en juego la práctica, que simplemente consiste en llevar a cabo alguna acción de forma periódica (en pensamiento, palabra u obra) para incrementar tus cualidades positivas y reducir las negativas. Por ejemplo, numerosos estudios nos han mostrado que desarrollar la *atención plena* (capítulo 22) incrementa la activación del córtex prefrontal izquierdo y, así, eleva el ánimo —ya que esa parte del cerebro pone freno a las emociones negativas— (Davidson 2004) y reduce la activación de la amígdala, la campanilla de alarma del cerebro (Stein, Ives-Deliperi y Thomas 2008). Del mismo modo, *ser compasivo contigo mismo* (capítulo 3) desarrolla la resiliencia y reduce la reflexión negativa (Leary *et al.* 2007).

Empleando una analogía, la práctica arranca las malas hierbas y planta flores en el jardín de tu mente, y de esta forma en tu cerebro. Esto mejora tu jardín, además de hacerte un mejor jardinero: te vuelves más diestro al dirigir tu atención, pensar de forma más clara, manejar tus emociones, motivarte, hacerte más resiliente y sobrellevar las tormentas de la vida.

También hay beneficios intrínsecos que van más allá del valor de la práctica concreta que estés realizando. Por ejemplo, llevar a cabo *cualquier* práctica es un acto de amor hacia ti mismo; te estás tratando como si fueras importante, algo fundamental para sanar tus heridas si sientes que otros no te han respetado o no te han querido. Además, estás siendo activo en lugar de pasivo, lo cual incrementa el optimismo, la resiliencia y la sensación de felicidad, y reduce el riesgo de depresión. En un momento en el que las personas se sienten con frecuencia coaccionadas por fuerzas externas (presiones económicas, las acciones de los demás o los incidentes mundiales) y por sus reacciones a estas fuerzas, es estupendo tener al menos una parte de tu vida en la que te percibes como un martillo en lugar de como un clavo.

Al final, la práctica es un proceso de transformación personal, que arranca gradualmente las raíces de la avaricia, el odio, la angustia y la desilusión (entre otras), y las reemplaza por satisfacción, paz, amor y claridad. A veces sentirás que estás logrando cambios en tu interior, mientras que en otras ocasiones simplemente tendrás la sensación de ir descubriendo cosas hermosas y maravillosas que siempre habían estado ahí, como tu naturaleza iluminada, bondadosa y rebosante de amor.

De cualquier modo, te encuentras en proceso de desarrollar lo que podríamos llamar un «cerebro de Buda», un cerebro que entiende, profundamente, las causas del sufrimiento y de su fin —la raíz de la palabra *buda* es «saber», «despertar» (empleo las minúsculas para así distinguir mi enfoque general del individuo específico, el gran maestro al que llamamos el Buda)—. En este amplio sentido, cualquier persona que esté llevando a cabo alguna práctica espiritual (cristiana, judía, musulmana, hindú, agnóstica, atea o cualquier otra) está desarrollando un cerebro de Buda y las cualidades que esto conlleva de compasión, virtud, atención plena y sabiduría.

LA LEY DE LAS COSAS PEQUEÑAS

Ahora bien, si la práctica es un fastidio, la mayor parte de las personas (entre las que me encuentro) no la llevarán a cabo. Por ese motivo las prácticas que encontrarás en este libro tienen que ver con realizar acciones breves unas pocas veces al día, como *descubrir la belleza* (capítulo 17), o simplemente consisten en una actitud o una perspectiva general, como *reducir la ansiedad causada por la imperfección* (capítulo 46) o *no tomarte la vida como algo tan personal* (capítulo 48).

Cada momento de práctica es por lo general muy corto, pero estos momentos, a la larga, se van sumando. En esto consiste la ley de las cosas pequeñas: hay infinidad de detalles, que en sí no tienen demasiada importancia, pero al ir introduciendo poco a poco cambios en tu estructura neural por medio de tu actividad mental pueden acabar con tu bienestar. Y del mismo modo hay muchísimos otros también aparentemente insignificantes que te pueden llevar a obtener mejores resultados. Es como el ejercicio: cada vez que corres, haces Pilates o levantas pesas, no consigues gran cosa, pero con el tiempo desarrollarás los músculos y lograrás estar en buena forma. De la misma manera, los pequeños esfuerzos hechos de forma rutinaria incrementarán gradualmente el «músculo» de tu cerebro. Realmente puedes tener la seguridad, basada en los últimos avances científicos, de que la práctica dará su fruto.

CÓMO USAR ESTE LIBRO

Para lograr los beneficios de la práctica, tienes que ser constante: por eso ayuda bastante concentrarte en un solo ejercicio cada vez. En estos días estamos demasiado ocupados y con demasiadas complicaciones, por lo que resulta genial tener *solo una cosa* en mente.

Por supuesto, cuando te digo una sola cosa, me refiero a la apropiada. Durante cuarenta años he estado haciendo prácticas (primero, cuando joven, buscando la felicidad; luego, como marido y padre, tratando con temas laborales y familiares, y ahora, como neuropsicólogo y maestro de meditación) y enseñando a otras personas a hacerlas. Para este libro he escogido las mejores meditaciones que conozco para desarrollar los sustratos neurales (los cimientos) de la resiliencia, creatividad, bienestar y paz interior. No he inventado ni una sola de ellas: son los propósitos que la gente decide llevar a cabo a partir de Año Nuevo, aunque luego no lo hacen; y *hacerlo* es lo que cambia por completo las cosas.

Puedes realizar estas prácticas de diferentes formas. Podrías, por ejemplo, encontrar una práctica determinada que por sí misma produzca un cambio radical en tu vida. También podrías centrarte en alguna que esté enfocada en necesidades específicas —como las que encontrarás en la parte 1, que habla de ser bueno contigo mismo si eres excesivamente crítico, o en la parte 5, acerca de estar en paz si eres ansioso o irritable—. O podrías ir de una práctica a otra, dependiendo de lo que te llame la atención o sientas que te podría ayudar más en ese momento. Otro enfoque sería emplear una semana con cada una de las cincuenta y dos prácticas que encontrarás en el libro, concediéndote así un «año de práctica» transformadora.

Cualquiera que sea la forma en que lo enfoques, te sugiero que busques la simplicidad y te centres en una práctica cada vez, ya se trate de un incidente o de una situación (una conversación espinosa con tu pareja, un proyecto complicado de trabajo, una meditación...), con una duración de un día o más, aunque también tengas presente otras prácticas y sus beneficios; por ejemplo, *no tomarse las cosas de forma personal* (capítulo 48) podría estar en el centro de tu atención mientras *encontrar refugio* (capítulo 28) permanece en el fondo.

Tienes que saber cuál va a ser tu práctica diaria. Cuanto más consciente seas de esto, más te beneficiará. Además, en lugar de simplemente pensar en ella de vez en cuando, podrías emplear pequeños recordatorios (como una palabra clave en un *post it*), escribir sobre ella o hablar con algún amigo sobre lo que estás haciendo. Además, sería útil que complementases tu práctica con actividades psicológicas o espirituales, como psicoterapia, yoga, meditación u oración.

Al trabajar con cincuenta y dos prácticas, tuve que tomar algunas decisiones:

- ❖ Las prácticas son muy sucintas; se podrían dar muchos más datos sobre cada una de ellas. El título de cada capítulo es en sí la práctica misma. Los capítulos, cuya extensión es variable, empiezan respondiendo la pregunta de *por qué* realizar esa práctica, y luego te explican *cómo* llevarla a cabo.
- ❖ Con la excepción de la última de las prácticas, he procurado poner el énfasis en aquello que puedes hacer

en tu interior (por ejemplo, *ser agradecido*, en el capítulo 18) más que en la relación entre tú y los demás. (Si estás interesado en prácticas interpersonales del estilo de las que verás en este libro, quizá desees recibir el boletín gratuito que encontrarás en www.rickhanson.net. Mientras tanto, podrías aplicar las prácticas de este libro a una o más relaciones, o hacerlas con un compañero –amigo o pareja– o con un grupo –por ejemplo con tu familia, con un equipo de trabajo o con un grupo de lectura.)

❖ En la mayoría de estas prácticas deberás actuar en el interior de tu mente, aunque por supuesto, también es muy importante que tomes acción en tu cuerpo y en el mundo que te rodea.

❖ En el crecimiento psicológico y espiritual hay tres fases fundamentales: *lidiar con* un asunto difícil (por ejemplo, viejas heridas o rencor), *desprenderte* de él y *reemplazarlo* por algo más positivo. En definitiva, aceptar lo que tienes, soltarlo y aceptar lo nuevo. Encontrarás prácticas para completar cada una de estas fases, aunque me he centrado en la tercera porque con frecuencia es la manera más directa y rápida de reducir el estrés y la infelicidad así como de desarrollar las cualidades positivas.

❖ A pesar de creer, como me ha demostrado la experiencia, que existe algo trascendental que está relacionado con la mente y la materia, he preferido quedarme dentro del marco de la ciencia occidental.

Mientras llevas a cabo estas prácticas, intenta pasarlo bien con ellas. No te las tomes (ni te tomes a ti mismo) demasiado en serio. Permítete ser creativo y adaptarlas a tus propias necesidades. Por ejemplo, las secciones *Cómo* contienen numerosas sugerencias, pero no tienes que seguirlas todas; simplemente fíjate en aquellas que te beneficien más.

Y en todo momento, cuídate. A veces una práctica resultará muy difícil de mantener o removerá asuntos dolorosos. Si es así, simplemente déjala, momentáneamente o para siempre. Utiliza diversos recursos; por ejemplo, profundizar en tu sensación de ser querido por otros te ayudará a *perdonarte a ti mismo* (capítulo 7). Y recuerda que la práctica no reemplaza a un cuidado profesional apropiado de la salud física o mental.

SIGUE ADELANTE

Todo el mundo es consciente de que para ser más diestro a la hora de conducir un camión, dirigir un departamento o jugar al tenis tiene que esforzarse durante un tiempo. Sin embargo, es común pensar que volverse más diestro en el manejo de la propia mente es algo que de alguna manera debe venir de forma natural, sin esfuerzo ni aprendizaje.

Pero como la mente está enraizada en la biología, en el territorio de lo físico, se encuentra sometida a las mismas leyes: cuanto más inviertes en ella, más consigues. Para cosechar los esfuerzos de la práctica, es necesario que la lleves a cabo, y que perseveres en ella.

Una vez más, es como el ejercicio: si lo haces solo muy de vez en cuando, obtendrás solo una pequeñísima mejora; en cambio, si lo practicas como una rutina, conseguirás extraordinarios beneficios. Para algunas personas este tipo de esfuerzos que se realizan con la mente son una actividad sin importancia, pero de hecho se trata de una disciplina que requiere determinación y diligencia, y a veces es bastante dura e incómoda. No es algo para pusilánimes o débiles de espíritu. Tendrás que ganarte a pulso los beneficios que obtengas.

Por el simple hecho de embarcarte en esta práctica te mereces todo el respeto del mundo. Y aunque se trata de una actividad ordinaria y de lo más realista, al mismo tiempo es inspiradora y profunda. Al practicar nutres tu ser, te unes con su esencia y sacas a la luz lo mejor de ti mismo. Estás avanzando por el sendero real, no por un camino cualquiera. Tus armas son la sinceridad, la determinación y las agallas. Estás domesticando y purificando tu mente rebelde y la jungla que constituye el cerebro, con sus capas reptiliana, mamífera y primate. Le estás ofreciendo hermosos regalos al ser en el que te convertirás en el futuro, el ser sobre el que puedes ejercer más influencia y, por tanto, sobre el que tienes más responsabilidad. Y los frutos de tu práctica comenzarán a madurar en círculos cada vez más amplios, beneficiando a otros, tanto conocidos como desconocidos. No dudes nunca del poder de la práctica o de lo lejos que puede llevarte aquella que hayas elegido.

¡Te deseo lo mejor en tu camino!

Primera parte

TRÁTATE BIEN

1

PONTE DE TU PARTE

Para dar algún paso en pos de tu bienestar (como hacer las prácticas de este libro), tienes que estar de tu parte. No en contra de otros, sino *a tu favor*.

Para muchas personas esto resulta más difícil de lo que parece. Puede que en la niñez te hicieran creer que no importabas tanto como otros. Quizá cuando intentaste ser fiel a ti mismo, te machacaron o te hundieron. Tal vez en lo más hondo de tu alma estás convencido de que no te mereces ser feliz.

Piensa en lo que significa ser un buen amigo de alguien. Y luego pregúntate: «¿Soy así *conmigo*?».

Si no lo eres, es posible que te trates con dureza, que enseguida te pongas a pensar que no das la talla, que no les des valor a las cosas buenas que haces a diario. O que apenas seas capaz de protegerte del maltrato de otras personas o, simplemente, de expresarles tus necesidades. O que te resignes a tu propio dolor, o te vuelvas demasiado perezoso para ponerte a hacer aquello (tanto en el interior de tu mente como fuera, en el mundo exterior) que podría mejorar tu vida.

Y además, ¿cómo podrías ayudar de verdad a los demás si no empiezas por ayudarte a ti mismo?

La base de toda práctica es tratarte bien a ti mismo, desearte lo mejor, dejar que tus tristezas y tus necesidades de verdad te *importen*. Cuando esto sea así, cualquier cosa que hagas por ti mismo irá respaldada por una enorme dosis de energía.

CÓMO

Durante el día, pregúntate a menudo: «¿Estoy de mi parte en este asunto? ¿Estoy protegiendo mis mejores intereses (entre los cuales se encontrarán a menudo los mejores intereses de los demás)?».

Buenos momentos para hacer esta práctica:

❖ Si te sientes mal (por ejemplo, triste, herido, preocupado, decepcionado, maltratado, frustrado, estresado o irritado).

❖ Si alguien te está empujando a hacer algo.

❖ Si sabes que deberías hacer algo por tu propio beneficio pero no logras actuar (como ponerte en tu sitio con alguien, buscar trabajo o dejar de fumar).

En estos casos, o en general:

❖ Acuérdate de la sensación de estar junto a una persona que te quiere. Esto te ayudará a sentir que de verdad importas y tienes un valor, lo cual es la base para que puedas aprender a ponerte de tu parte.

❖ Recuerda lo que se siente al defender a alguien. Quizá a un niño, una mascota o un amigo querido. Sé consciente de los diferentes aspectos de esta experiencia: la lealtad, el cariño, la calidez, la decisión, el apoyo... Deja que esta sensación de estar al lado de alguien, cuidándolo, apoyándolo, impregne profundamente tu conciencia. Permite que tu cuerpo se adapte buscando una postura que represente esa ayuda y ese apoyo. Tal vez sentándote de una forma más erguida, con el pecho ligeramente sobresaliente y los ojos más atentos. Estás reforzando la sensación de estar al lado de alguien aprovechando la inteligencia de tu cuerpo, los sistemas sensomotores de tu cerebro, que subyacen y dan forma a tus pensamientos y sentimientos.

❖ Trae a la memoria una ocasión en la que tuviste que ser fuerte, enérgico, fiero o apasionado para conseguir algo. Podría ser tan simple como la experiencia de la última parte de una rutina de ejercicios, cuando tuviste que sacar fuerzas de flaqueza para conseguir acabarlos. O aquella ocasión en la que escapaste de un serio peligro, te mantuviste firme ante una persona que trataba de intimidarte, o llevaste a cabo con éxito un proyecto en la escuela o en el trabajo. Como en el punto anterior, ábrete a esta experiencia y trata de sentirla en tu cuerpo, para que sea lo más real posible y de esa manera estimules y fortalezcas las redes neuronales subyacentes.

❖ Puedes verte a ti mismo como un niño (dulce, vulnerable, valioso) y extender esta misma actitud de lealtad, fuerza y cariño hacia ese niño. (Podrías conseguir una foto tuya de cuando eras pequeño, llevarla en tu cartera o en tu bolso y mirarla de vez en cuando.)

❖ Imagina sentir en estos momentos esa misma sensación, esa misma lealtad, fuerza y cariño hacia ti.

❖ Sé consciente de la sensación que experimentas en tu cuerpo al estar de tu parte. Ábrete a esta sensación, atrévete a sentirla con toda la intensidad posible. Nota cualquier resistencia e intenta desprenderte de ella.

❖ Pregúntate a ti mismo: «¿Qué es lo mejor que puedo hacer estando a mi lado?».

❖ Y cuando lo sepas, hazlo lo mejor que puedas.

Recuerda:

❖ Estar de tu parte simplemente significa que te importas. Quieres ser feliz en lugar de sentirte preocupado, triste, culpable o enojado. Quieres que la gente te trate bien en lugar de mal. Deseas ayudar a tu ser futuro (la persona que serás la próxima semana, el próximo año, la próxima década) para que tenga la mejor vida posible.

❖ Tu experiencia *cuenta*, tanto las vivencias del día a día como los rastros que los pensamientos y sentimientos dejan en la estructura de tu cerebro.

❖ Tratar a la gente con respeto, decencia, comprensión y amabilidad es una obligación moral. Al decir «gente», ¡me estoy refiriendo a ti! Tienes el mismo derecho, y tus opiniones, necesidades y sueños pesan tanto como los de cualquier otra persona.

❖ Cuando te cuidas bien a ti mismo, puedes ofrecer mucho más a los otros, desde las personas que se encuentran más cerca de ti hasta el resto del mundo.

2

APRECIA LO BUENO

Según los científicos, tu cerebro tiene una tendencia inherente a fijarse en lo *negativo* (Baumeister *et al*. 2001; Rozin y Royzman 2001). Esto es porque nuestros antepasados estuvieron esquivando palos y corriendo detrás de zanahorias durante millones de años de evolución, y a la hora de sobrevivir era mucho más urgente y tenía mucho más impacto evitar los palos.

Esta tendencia a la negatividad se muestra en distintos aspectos. Por ejemplo, las investigaciones han descubierto lo siguiente:

❖ El cerebro por lo general reacciona más a un estímulo negativo que a un estímulo positivo de la misma intensidad (Gottman 1995).

❖ Los animales —entre ellos nosotros— normalmente aprenden más rápido a través del dolor que del placer (Rozin y Royzman 2001); ya sabes, el gato escaldado huye del agua.

❖ Las experiencias dolorosas suelen tener más impacto en la memoria que las placenteras (Baumeister *et al*. 2001).

❖ La mayoría de las personas trabajará más para evitar perder algo que tienen que para conseguirlo si no lo tienen (Rozin y Royzman 2001).

❖ Las relaciones positivas y duraderas por regla general necesitan un radio de interacciones positivas en una proporción de al menos cinco a uno (Gottman 1995).

En tu caso, ¿en qué piensas normalmente al final del día? ¿En las cincuenta cosas que te fueron bien o en esa que te fue mal? Como por ejemplo, el conductor que se te cruzó en medio de la carretera o ese único asunto de tu lista de tareas por hacer que no te dio tiempo a llevar a cabo...

Efectivamente, el cerebro es como un imán para las experiencias negativas, pero parece estar recubierto de teflón cuando se trata de experiencias positivas: nunca se le quedan pegadas. Esto va oscureciendo la *memoria implícita* (tus sentimientos, expectativas, sensaciones, creencias, inclinaciones y estados de ánimo inconscientes) y volviéndola cada vez más negativa.

Y no es justo, ya que probablemente la mayoría de los hechos de tu vida sean positivos, o al menos neutrales. Además de ser una injusticia, el creciente cúmulo de experiencias negativas en la memoria implícita hace que la persona, de forma natural, se vaya volviendo cada vez más ansiosa, irritable y deprimida, además de que se le hace más difícil ser paciente y generosa con los demás.

¡Pero la buena noticia es que no tienes que resignarte a esta tendencia negativa! Al inclinarte hacia lo bueno (hacia aquello que te brinda más felicidad y te beneficia más a ti y a los demás), tan solo estás nivelando la balanza. Y entonces, en lugar de que las experiencias positivas pasen por ti como agua a través de un colador, quedarán depositadas en tu memoria implícita, en lo más hondo de tu cerebro.

Seguirás viendo las cosas desagradables de la vida. Y de hecho serás más capaz de cambiarlas o eliminarlas cuando empieces a fijarte en lo bueno, ya que de esta manera pondrás los problemas en perspectiva, elevarás tu nivel de energía y tu ánimo, descubrirás que dispones de más recursos de los que pensabas y te encontrarás lleno, que es el requisito para poder ofrecer más a los demás.

A propósito, aparte de ser beneficioso para los adultos, fijarse en lo positivo también es genial para los niños, porque les ayuda a volverse más resilientes, más seguros de sí mismos y más felices.

CÓMO

1. CENTRA TU ATENCIÓN EN LO BUENO Y TRANSFÓRMALO EN GRANDES EXPERIENCIAS

Dentro de las cosas buenas están los hechos positivos (como terminar unos correos electrónicos o recibir una felicitación) y los aspectos positivos del mundo o de ti mismo. La mayoría son normales y corrientes, y relativamente poco importantes, pero aun así están ahí. Son reales. No se trata de que te pongas a mirar el mundo a través de unas gafas de color rosa, sino simplemente de reconocer algo que es real y verdadero.

Cada vez que seas consciente de algo positivo (tanto si está ocurriendo ahora mismo como si ocurrió en el pasado), permítete a ti mismo felicitarte por ello, permítete *sentirte* bien. A menudo suceden cosas buenas en la vida (las flores florecen, alguien es amable, se alcanza una meta...) y tú lo sabes, pero no las sientes. Esta vez deja que lo bueno te afecte.

Intenta dar este paso y los dos que siguen al menos una media docena de veces al día. Solo te llevará alrededor de medio minuto: ¡siempre hay tiempo para apreciar lo bueno! Puedes hacer esto en medio del ajetreo de la vida diaria o en momentos especiales de reflexión, como justo antes de dormir (cuando el cerebro está especialmente receptivo para aprender cosas nuevas).

Nota cualquier resistencia que sientas hacia las experiencias positivas, como pensar que no te las mereces o que sentir placer es algo egoísta, vano o incluso vergonzoso. O que si te sientes bien, bajarás la guardia y permitirás que suceda algo malo.

Después lleva tu atención una vez más hacia los hechos positivos. Sigue abriéndote a ellos, respirando y relajándote, dejándoles que muevan la aguja de tu indicador de bienestar. Es como sentarse delante de una cena, no te quedes ahí mirándola: ¡pruébala!

2. DISFRUTA PLENAMENTE LA EXPERIENCIA

La mayor parte del tiempo una experiencia positiva suele ser algo bastante suave. Y está bien que lo sea. Simplemente acostúmbrate a apreciarla durante diez, veinte, incluso treinta segundos cada vez, en lugar de dejar que tu atención se desvíe hacia otra cosa.

Ablándate y ábrete a esa experiencia, deja que llene tu mente y siéntela con todo tu cuerpo. Desde la perspectiva meditativa, este es un tipo de ejercicio de concentración en el que durante una docena de segundos o más te centras en sentir una experiencia positiva. Cuanto más tiempo seas consciente de esto y más estimulante te resulte a nivel emocional, más neuronas se activarán y se conectarán entre sí, y más fuerte será la huella que dejen en la memoria implícita.

En esta práctica no se trata de aferrarse a las experiencias positivas, ya que esto podría derivar en tensión y decepción. En realidad estás haciendo lo contrario: al apreciarlas, te sentirás más contento, menos frágil o necesitado. Tu felicidad se hará más independiente y se basará cada vez más en tu propia plenitud en lugar de en las condiciones externas.

3. SIENTE CÓMO LA EXPERIENCIA POSITIVA SE VA HACIENDO PARTE DE TI

La gente hace esto de varias maneras. Para algunos, absorber una experiencia positiva puede traducirse en una sensación luminosa y cálida que se va extendiendo por su pecho, parecida al calor de una taza de chocolate bien caliente en un día frío de invierno; otros visualizan cosas como una jalea dorada que va entrando en su interior; un niño puede imaginarse una joya que es depositada en el cofre del tesoro que tiene en el pecho, y para algunos sería bastante con saber que al fijarse en esta experiencia positiva sus redes neurales se activan y se conectan.

Cada vez que te detengas un momento a apreciar lo bueno, introducirás un cambio imperceptible en tu vida. Pero con el tiempo esos pequeños cambios se irán sumando y terminarás por fijar estas experiencias positivas en el tejido de tu cerebro y de todo tu ser.

Y sobre todo, conforme realizas los ejercicios de este libro (o te adentras en cualquier otro proceso de sanación psicológica y crecimiento o desarrollo espiritual), aprecia de verdad los frutos de tu esfuerzo. ¡Pon tu granito de arena para que queden grabados a fuego en tus neuronas!

3

SÉ COMPASIVO CONTIGO

La vida está llena de maravillosas experiencias. Pero también tiene sus momentos duros, como cuando sentimos malestar físico o mental en grados que pueden ir desde una ligera molestia hasta un dolor insoportable. Aquí es donde empieza el territorio del sufrimiento.

Cuando una persona que te importa está sufriendo, tu reacción natural es sentir *compasión*: el deseo de que deje de sufrir, generalmente junto con cierta sensación de preocupación. Por ejemplo, si tu hijo se cae y se hace daño, quieres librarlo del dolor; si oyes que un amigo está en el hospital, que se ha quedado sin trabajo o que está atravesando por un divorcio, lo sientes por él y esperas que todo se arregle. La compasión forma parte de tu naturaleza. Es un elemento importante de los sistemas neurales y psicológicos que desarrollamos para cuidar de nuestros hijos, establecer una unión con nuestras parejas y mantener unida a «la aldea que se necesita para criar a un hijo» (Goetz, Keltner y Simon-Thomas 2010).

También puedes sentir compasión por ti mismo, que no equivale a lástima. Simplemente estás reconociendo que «esto es duro, esto duele» y teniendo el mismo deseo profundo de que tu sufrimiento disminuya o acabe que tendrías por cualquier querido amigo que batallara con el mismo dolor, molestia o problema al que tú te enfrentas ahora.

Las investigaciones han mostrado que sentir compasión por uno mismo tiene muchos beneficios (Leary *et al.* 2007), entre ellos:

❖ Disminuye la autocrítica (destructiva).
❖ Reduce las hormonas del estrés, como el cortisol.
❖ Aumenta la capacidad de calmarse y darse ánimos a sí mismo, junto con otros aspectos de la resiliencia.
❖ Ayuda a sanar cualquier falta de cariño que hayas sufrido en tu infancia por parte de otras personas.

¡Es una lista estupenda!

Para sentir compasión por ti, por lo general solo necesitas unos segundos. Y una vez que la sientes (y te vuelves más centrado y animado), puedes seguir haciendo lo que tengas que hacer para mejorar tu vida.

CÓMO

Puede que te esté doliendo la espalda, o que hayas tenido un día terrible en el trabajo, o que alguien te haya gritado sin motivos. O, sinceramente, puede que tan solo te sientas mal, incluso hundido. Sea lo que sea, la compasión puede ayudarte. ¿Te gustaría comprobarlo?

Sentir compasión por sí mismo es algo que surge de forma natural en algunas personas (en particular aquellas que han vivido una niñez plena). Pero no resulta tan fácil para otras muchas, especialmente para quienes son autocríticas, ambiciosas, para quienes están acostumbradas a aguantar o creen que cuidarse y quererse a uno mismo es señal de autocomplacencia.

Por eso aquí tienes algunos pasos que puedes seguir o combinar como quieras, de la forma en que te sea más sencilla, para despertar la compasión:

❖ Tómate un momento para pensar en tus dificultades, tus problemas y tu sufrimiento.

❖ Recuerda el sentimiento que experimentas al estar con alguien que *sabes* que te quiere. Quizá sea un buen amigo, un miembro de tu familia, un espíritu, Dios... incluso una mascota. Permítete a ti mismo sentir que le importas a este ser, que quiere que te sientas bien y tengas éxito en la vida.

❖ Recuerda tus dificultades, e imagina que este ser que se preocupa por ti está sintiendo y expresando compasión por ti. Imagina la expresión de su rostro. Permítete a ti mismo *recibir* toda esta compasión, sintiendo su calor, su cariño y sus buenos deseos. Ábrete a sentirte más comprendido, sereno y centrado. La experiencia de recibir cariño forma circuitos en tu cerebro que también te permiten *darlo*.

❖ Imagina a alguien por quien espontáneamente sientes compasión, quizá un niño o un familiar. Visualiza cómo te sentirías hacia esa persona si estuviera enfrentándose a eso que en estos momentos es tan duro para ti. Deja que los sentimientos de compasión inunden tu mente y tu cuerpo. Extiéndelos hacia esa persona, por ejemplo visualizándolos como un tipo de luz radiante que sale de ti (quizá de tu corazón). Nota lo que se siente al experimentar la compasión.

❖ Ahora extiende ese mismo sentimiento de compasión a ti mismo, tal vez acompañado con palabras como estas, susurradas suavemente en el fondo de tu mente: «Que pase este dolor... Que las cosas mejoren... Que con el tiempo me sienta cada vez mejor». Percibe esta calidez que te mandas a ti mismo al pensar en tus dificultades y en tu dolor y desear con todo tu corazón que las cosas mejoren. Siente cómo esta compasión se va adueñando de ti, haciéndose parte de ti, aliviándote y fortaleciéndote.

4

RELÁJATE

Es fácil sentirse estresado en estos días. O preocupado, frustrado o irritado por un motivo u otro, como el dinero, el trabajo, la salud de un miembro de la familia o una relación.

Cuando te sientes estresado o enfadado, tu cuerpo *se tensa* para permitirte luchar, huir o quedarte inmóvil. Es la manera en que lo dispuso la Madre Naturaleza, y sus beneficios a corto plazo mantuvieron vivos a nuestros ancestros para que pudieran pasarnos sus genes.

Pero hoy (cuando la gente puede vivir setenta u ochenta años o más y cuando la prioridad es la calidad de la vida, y no la supervivencia) por esa tensión diaria pagamos un precio muy alto a largo plazo, ya que nos lleva a problemas de salud como enfermedades cardiacas, malas digestiones, dolores de espalda y de cabeza, y trastornos hormonales, así como a problemas psicológicos, entre ellos ansiedad, irritabilidad y depresión.

La mejor forma de reducir la tensión es la relajación. Además de sus beneficios para la salud mental y física, relajarse es una sensación tremendamente agradable. Solo tienes que acordarte de cómo te sientes al meterte en una bañera de agua caliente, cuando te acurrucas en la cama tras un duro día de trabajo, o cuando te dejas caer en el sofá después de haber lavado los platos.

Tanto si estás en medio de un atasco de tráfico como tratando de leer y contestar un buzón de entrada lleno de correos electrónicos o teniendo una conversación difícil, ser capaz de relajar tu cuerpo a voluntad es una habilidad interior que tiene una gran importancia.

CÓMO

Aquí encontrarás algunas maneras de activar el *sistema nervioso parasimpático* (SNP), en otras palabras, el sistema «descansar y digerir» que te permite calmar la respuesta «huir o luchar» del *sistema nervioso simpático*.

* ❖ En la boca hay muchas fibras del SNP que están relacionadas con la digestión; por eso, relaja la lengua y la mandíbula, o también puedes tocarte los labios (cuando me cuesta trabajo dormir, a veces me pego el nudillo a los labios, y esto tiene un efecto relajante y tranquilizador).
* ❖ Abre los labios ligeramente. Esto puede ayudarte a aliviar el pensamiento estresante al reducir las subvocalizaciones, los movimientos imperceptibles e inconscientes de la mandíbula y la lengua asociados con la charla mental.

❖ Realiza varias espiraciones largas, ya que el SNP se encarga de la respiración. Por ejemplo, cuenta hasta tres mientras inhalas y luego exhala contando hasta seis.

❖ Durante un minuto o más, respira de manera que tu inhalación y exhalación sean igualmente largas; cuenta mentalmente hasta cinco por cada inhalación y exhalación. Esto crea pequeños y suaves cambios en el intervalo entre los latidos del corazón (ya que este se acelera ligeramente con la inhalación y se ralentiza, de forma ligera también, con la exhalación) que se asocian a la relajación y el bienestar (Kristal-Boneh *et al.* 1995).

❖ Relaja el diafragma (el músculo situado bajo los pulmones que ayuda a llenarlos de aire) poniendo las manos sobre el estómago, justo por debajo de la caja torácica, y trata de respirar sintiendo cómo la mano se alza dos o tres centímetros (esto resulta particularmente útil cuando te sientes ansioso).

❖ Prueba estos métodos en situaciones estresantes, o en cualquier momento en el que te sientas preocupado o frustrado; ¡de verdad funcionan! También puedes usarlos cuando las cosas están mejor, por ejemplo reservando unos cuantos minutos al día (quizá antes de acostarte) para practicar la relajación. El descanso de tu cuerpomente será más profundo y podrás sobreponerte con más facilidad cuando te ocurra algo desagradable. Las investigaciones han demostrado que practicar la relajación aumenta realmente la producción de genes que calman el estrés (Dusek *et al.* 2008).

5

VE LO BUENO QUE HAY EN TI

Todos tenemos virtudes, pero con frecuencia es más fácil verlas en los demás que en uno mismo. Por ejemplo, piensa en un amigo: ¿qué es lo que te gusta de él? Ten en cuenta cualidades como el sentido del humor, la honradez, la sinceridad, la inteligencia, el espíritu, la paciencia, la pasión, la capacidad de ayudar a los demás, la curiosidad, la determinación, el talento, el valor o el hecho de tener un buen corazón.

Ver estas cualidades positivas en tu amigo hace que te sientas reconfortado, cómodo e ilusionado. Es positivo reconocer lo bueno que tienen las personas.

¡Entre ellas tú!

Cada uno de nosotros es como un mosaico, formado por una gran cantidad de azulejos preciosos: algunos no son ni bonitos ni feos, y a otros les vendría bien un poquito de (¡ahí es donde nos duele!) trabajo. Es importante ver el mosaico al completo. Pero, como el cerebro tiene esa inclinación a la negatividad, tendemos a fijarnos en lo malo que hay en nosotros en lugar de en lo bueno. Si realizas veinte tareas al día y diecinueve de ellas bien, ¿en cuál crees que te pondrás a pensar? Probablemente en la que no fue tan bien.

Tu cerebro crea nuevas estructuras basadas fundamentalmente en aquello a lo que prestas atención; las neuronas que se activan juntas quedan conectadas entre sí. Al centrarte en los azulejos «malos» del mosaico, estás reforzando esa sensación, de la que a veces ni siquiera eres consciente, de ser mediocre, de ser menos que los demás, de ser un fracaso. Y esto impide que desarrolles seguridad en ti mismo o seas consciente de tu valor, ya que todo viene como consecuencia de ver todos esos preciosos azulejos que conforman tu mosaico. Los resultados que se obtienen basándose en esa tendencia a la negatividad no son justos. Pero lo innegable es que son poderosos y una de las grandes razones por las que la mayoría de los humanos tenemos esa sensación de no estar a la altura de las circunstancias o dudamos de nosotros mismos; empezando por mí, que también he tenido que superar esas carencias.

Conocer tus propias fortalezas y virtudes es solo una cuestión de verte a ti mismo *correctamente*. Y al ver lo bueno que hay en ti, te sentirás mejor por dentro y de esta manera podrás acercarte a los demás sin tanto miedo al rechazo y luchar por tus sueños con más seguridad de que podrás alcanzarlos.

CÓMO

Elige una sola virtud de ti mismo. Quizá seas bastante sensible, abierto, concienzudo, imaginativo, cálido, observador o constante. Experimenta en profundidad la sensación que produce esa característica. Explora cómo la sientes en el cuerpo, sus matices emocionales y cualquier actitud o perspectiva a la que dé lugar.

Dedica unos momentos a grabar en tu mente que realmente posees esta buena cualidad. Convéncete de que es parte de ti. Busca muestras de ella durante un día o una semana, y siéntela cuando las encuentres.

Toma nota de cualquier dificultad que tengas para aceptar que posees esta virtud, por ejemplo, pensamientos del tipo: «Pero no soy así todo el tiempo» o «Pero también tengo cosas malas». Trata de ponerte de tu parte y verte de una forma realista, es decir, intenta tener en cuenta tus cualidades. No pasa nada porque te olvides de ellas de vez en cuando; en eso consiste ser un mosaico, un ser humano.

Repite este proceso con otras fortalezas o virtudes que tengas.

Ábrete también a lo bueno que *otros* ven en ti. Empieza con un amigo y mírate a ti mismo con sus ojos. ¿Qué es lo que le gusta de tu persona? ¿Qué es lo que aprecia, respeta o admira de ti? ¿Qué es lo que le hace sentir bien cuando está contigo? Si tu amigo le hablara a alguien de ti, ¿qué cualidades mencionaría? Haz esto con varias personas de diferentes áreas de tu vida (o incluso de diferentes épocas), como familiares, parejas, maestros, compañeros de trabajo o mentores. Deja que el conocimiento de tus cualidades que tienen esas otras personas pase a ser tuyo. Relaja tu semblante, relaja tu cuerpo y tu mente para absorber este conocimiento de la verdad, toda la verdad, del maravilloso mosaico de cualidades en que consiste tu persona.

Transforma el conocimiento de esas grandes cualidades que posees (tanto si surge de ti como si lo has aprendido de la gente que te rodea y te aprecia) en sentimientos de valía, seguridad, felicidad y paz.

Siente esa voz serena que surge de tu interior, de tu propio centro, y que con toda sinceridad y firmeza es capaz de reconocer tus cualidades. Escúchala. Deja que las enumere y que sus palabras se asienten en tu corazón. Y, si quieres, escríbelo todo en forma de lista para poder mirarla de vez en cuando; no es necesario que se la enseñes a nadie más.

Día a día ve tomando nota de todas las circunstancias en las que sale a relucir tu honestidad, constancia, cariño y otras buenas cualidades. Cada vez que reconozcas uno de estos ejemplos, permítete sentirte bien contigo mismo por ello.

Deja que esta sensación de encontrarte a gusto en tu pellejo se vaya extendiendo gradualmente hasta llenar tu corazón y tu vida.

6

VE MÁS DESPACIO

La mayoría de las personas estamos demasiado agitadas, siempre corriendo de un lado para otro en nuestras vidas. Imagínate que te encuentras con un amigo al que no has visto desde hace tiempo y le preguntas: «¿Qué tal?». Hace veinte años, la respuesta más normal a esta pregunta hubiera sido: «Bien». Pero hoy en día es más frecuente que respondamos: «¡Muy ocupado!».

Vivimos siempre atrapados en una maraña de correos electrónicos y llamadas telefónicas, trabajando un gran número de horas, llevando a los niños de un sitio para otro, intentando no quedarnos atrás del resto de las personas que nos rodea y que llevan ese mismo ritmo enfebrecido de actividad en sus vidas.

Cualquiera que sea la circunstancia en tu caso, es muy fácil llegar a sentirse como un cocinero en la hora del almuerzo, cuando más pedidos hay, incapaz de atender a todas las mesas.

Hay momentos en que es bueno estar un poco acelerado, como podría ser al enfrentarse a una emergencia o al celebrar con euforia el tanto que tu hija acaba de marcar en un partido de baloncesto (como me ocurrió a mí). Pero un estado crónico de aceleración a la larga termina por pasarte factura. Estos son algunos de sus efectos:

❖ Activa el mismo sistema de respuesta del estrés que nuestro cerebro desarrolló para protegernos del ataque de los leones y otras fieras, que libera hormonas enervantes como la adrenalina y el cortisol. Estas hormonas debilitan tu sistema inmunitario y ensombrecen tu estado de ánimo.

❖ Pone el sistema de alarma del cerebro en alerta roja, rastreando amenazas por todas partes y, con frecuencia, reaccionando de forma desproporcionada. ¿Te has dado cuenta alguna vez de que cuando estás acelerado enseguida encuentras algo que te preocupa o te irrita?

❖ Te da menos tiempo para pensar con claridad y tomar buenas decisiones.

Aunque esa «necesidad de adrenalina» se puede haber llegado a convertir en una forma de vida, siempre es posible cambiar. Empieza con pequeños detalles y deja que vayan aumentando. El simple hecho de tranquilizarte un poco y tomarte las cosas con más calma realmente puede cambiarte la vida.

CÓMO

Aquí te voy a mostrar algunas maneras de desacelerar. Te sugiero que emplees solo unas pocas. ¡No tengas prisa en ir más despacio!

❖ Realiza unas cuantas actividades más lentamente de lo habitual en ti. Tómate tu tiempo para llevarte la copa a los labios, come despacio, deja que otros terminen de hablar sin interrumpirlos o acude a una reunión dando un paseo, en lugar de a toda prisa. Termina una tarea antes de pasar a la siguiente. Unas cuantas veces al día, cuando te acuerdes, respira profunda y *lentamente*.

❖ Deja de apretar el acelerador. Una vez, cuando entraba a toda velocidad por la autopista, mi esposa susurró: «¿A qué viene tanta prisa?». Me hizo darme cuenta de que conducir a unos cuantos kilómetros menos por hora significaba tan solo llegar unos minutos más tarde, pero disfrutando de mucha más tranquilidad hasta llegar al punto de destino.

❖ Cuando el teléfono suena, imagínate que es la campana de una iglesia o la campanilla de un templo recordándote que tienes que respirar y relajarte (este consejo es del monje vietnamita Thich Nhat Hanh).

❖ Resiste la presión de los demás para terminar un trabajo antes de que realmente sea necesario. Quizá hayas oído esta frase alguna vez: la falta de previsión de otros no implica que para ti sea una emergencia.

❖ Céntrate en lo que este momento tiene de bueno para que no sientas la necesidad de pasar corriendo al siguiente. Por ejemplo, si estás esperando una llamada telefónica, mira a tu alrededor para encontrar algo que sea bello o interesante, o simplemente céntrate en disfrutar la sensación de respirar.

Ve cumpliendo uno a uno todos tus compromisos y piénsatelo muy bien antes de aceptar otros nuevos. Date cuenta de cualquier presión interior que sientas de realizar cada vez más tareas y resístela. ¿Cuál es su efecto principal en tu calidad de vida? ¿El hecho de estar tan ocupado te hace más feliz? ¿O, por el contrario, más estresado y quemado cada día que pasa?

Siente la calma y el bienestar que surgen como resultado de hacer las cosas más despacio, empápate de estas sensaciones y no te sorprendas si la gente empieza a decirte que pareces más seguro, más relajado, más digno y, sobre todo, más feliz.

Se trata de tu propia vida. ¡Conduce despacio y saborea cada instante!

7

PERDÓNATE

Todo el mundo comete errores. Yo, tú, los vecinos, todo el mundo. Es importante reconocer los propios errores, aprender de ellos para no cometerlos otra vez e incluso sentir cierto remordimiento. Pero la mayoría de la gente se castiga a sí misma de una manera que no sirve absolutamente para nada. Se trata de una autocrítica destructiva e injusta.

Dentro de nuestra mente hay muchas subpersonalidades. Por ejemplo, una parte de mí pone la alarma del despertador a las seis de la mañana para levantarme y hacer ejercicio... Y cuando la alarma suena, otra parte de mí gruñe: «¿Quién ha puesto la maldita alarma?». En otras palabras, dentro de cada uno de nosotros conviven un crítico y un protector interiores. En la mayoría de las personas ese crítico interior está continuamente quejándose, buscando cualquier detalle que tenga alguna falta, por insignificante que sea. Exagera los pequeños errores hasta hacerlos enormes, y te castiga una y otra vez por aquello que ocurrió hace mil años, ignorando el contexto en el que se produjo y sin reconocer nunca tus esfuerzos para repararlo.

Por eso necesitas que tu protector interior siga a tu lado: para poner tu debilidad y tus faltas en perspectiva, para dar la relevancia que se merecen a tus muchas cualidades —que sobrepasan estos fallos—, para animarte a volver a la senda real cuando te hayas extraviado y (francamente) para mandar a tu crítico interior a tomar viento cuando se ponga muy pesado.

CÓMO

Empieza por elegir algo, sin demasiada importancia, que te estés echando en cara, algo por lo que te hayas castigado una y otra vez, y pon en práctica los métodos que verás a continuación. Después de esto puedes dedicarte a trabajar en asuntos más significativos.

Aquí están:

❖ Lo primero es sentir en profundidad esa sensación de que alguien te quiere y se preocupa de verdad por ti. Esa persona puede estar ahora en tu vida o pertenecer al pasado. Siente su cariño. Quizá puedas también conectarte con otros de sus aspectos que has integrado en tu ser y que ahora forman parte de tu protector interior. Haz esto con otros seres que te quieren y ábrete a la posibilidad de tener más presente que nunca esa protección que cuida de ti desde el fondo de tu ser.

❖ Mientras te sientes querido y protegido, ten presente alguna de tus muchas buenas cualidades. Puedes preguntarle a tu protector qué es lo que sabe de ti. Se trata de hechos, de verdades, no de halagos; no hace falta que seas un santo para tener buenas cualidades como paciencia, determinación, honestidad o bondad.

❖ Este paso y el anterior te ayudarán a enfrentarte a cualquier cosa que necesites perdonar y también a perdonarte a ti mismo.

❖ Si le gritaste a un niño, mentiste en el trabajo, te corriste algunas juergas, dejaste a un amigo en la estacada, le fuiste infiel a tu pareja o te alegraste por dentro cuando a alguien le ocurrió una desgracia (fuera lo que fuese), reconócelo. Piensa en lo que sucedió, en lo que se cruzó por tu mente en ese momento, en la situación en la que te encontrabas entonces, y en las consecuencias para ti y para los demás.

❖ Fíjate en cualquier cosa que te cueste afrontar (como la mirada del niño cuando le gritaste) y abre tu corazón para sentirla, porque son estos detalles los que te mantienen estancado. Y es siempre la verdad lo que nos hace libres.

❖ Puedes dividir tus obras en tres grupos: faltas de tipo moral, torpezas y cualquier otra cosa más. Ante las faltas de tipo moral es bueno sentir cierta (*proporcionada*) dosis de culpa, remordimiento o vergüenza, pero para la torpeza nada de esto es necesario, solo corregirse. (Este punto es *muy* importante.)

❖ Podrías preguntarles a otras personas (entre ellas a aquellas a quienes hiciste daño) qué piensan de esta clasificación, pero al final eres tú el que decide. Por ejemplo, si se te ocurrió criticar a alguien o exagerar algún error que hubiera cometido, podrías optar por que la mentira con la que exageraste su comportamiento sea una falta moral que se merece que sientas remordimientos, pero en cambio el hecho de criticar a alguien (que es algo que todos hacemos de vez en cuando) no sea más que una torpeza que deberías corregir (es decir, intentar que no vuelva a repetirse) sin castigarte por ello.

❖ Sé honesto y hazte responsable de tus faltas morales y de tu torpeza. Di, para ti mismo o en voz alta (o escríbelo) lo siguiente: «Soy responsable de ...., ... y ....». Y ahora siéntelo. Siente de verdad lo que estás diciendo. Acto seguido, añade estas palabras: «Pero NO soy responsable de ...., de .... ni de ....». Por ejemplo, no eres responsable de las interpretaciones erróneas o las reacciones exageradas de otras personas. Deja que te inunde y te reconforte esa sensación de NO ser responsable.

❖ Reconoce tus errores para poder aprender de ellos e intentar arreglar lo que puedas y pedir perdón. Digiere esta intención. Apréciate a ti mismo. Decide si queda algo que hacer por tu parte (dentro de tu corazón o en el mundo exterior) y lánzate a ello. Sé consciente de lo que estás haciendo y apréciate también por ello.

Y ahora consulta con tu protector interno: ¿hay algo más que debas hacer, algo más a lo que tengas que plantar cara? Escucha a la tranquila y serena voz de tu conciencia, tan distinta de la amarga ironía del crítico. Si de verdad sabes que queda algo por hacer, ocúpate de ello. Pero si no, graba en tu corazón que has aprendido lo que necesitabas aprender y que has hecho lo que debías hacer.

❖ Ha llegado el momento de que te perdones a ti mismo. Di en voz baja, en voz alta, por escrito o, si lo prefieres, delante de otras personas, declaraciones como las siguientes: «Me perdono por ...., y .... He tomado la responsabilidad y he hecho todo lo que ha estado en mi mano para reparar mis faltas». También podrías pedirle a tu protector interior que te perdone, o pedirles perdón a otras personas, empezando por aquellas a las que has ofendido.

❖ Puede que necesites repetir estos pasos más de una vez para llegar a perdonarte a ti mismo; si es así, está bien que lo hagas. Deja que pase el tiempo necesario para poder digerir esa sensación, esa experiencia de recibir el perdón (en este caso tu perdón) de manera que llegue a formar parte de tu esencia. Una forma de ayudarte a ti mismo a aceptarlo es abriendo tu cuerpo y tu corazón, y reflexionando acerca del hecho de que cuando dejes de castigarte podrás ser más útil para los demás.

Que la paz vaya contigo.

8

DUERME MÁS

Necesitas dormir más, a menos, claro, que seas una de esas poquísimas personas (entre las que no me cuento) que descansan lo bastante, porque lo que es innegable es que a la gran mayoría de nosotros nos hace falta dormir más.

Cuando no duermes las horas suficientes, corres el riesgo de sufrir accidentes de tráfico, diabetes, enfermedades cardiacas, depresión y exceso de peso. Y pierdes capacidad de atención, aprendizaje y motivación. Además de que es una sensación desagradable estar confuso, atontado, cansado e irritable.

Hay varias razones por las que no dormimos lo suficiente. Es normal quedarse despierto hasta tarde y levantarse muy temprano, y después beber demasiado café para ir tirando durante la mañana y más alcohol de la cuenta para relajarse por la noche. Los problemas de sueño pueden ser también un síntoma de algún trastorno de salud (como la depresión o la apnea); por eso es mejor que hables con tu médico si padeces insomnio o si sigues sintiéndote cansado después de dormir bastantes horas.

La cantidad adecuada de horas varía de una persona a otra (y de un momento a otro). Si estás estresado, o trabajando mucho, necesitas dormir más. Sea cual sea la cantidad de sueño que precises, la clave está en ser constante, es decir, descansar bastante todas las noches y no intentar recuperar las horas de sueño atrasadas durante el fin de semana o en las vacaciones.

Cuando dejé la casa de mis padres, con frecuencia volvía para hacerles una visita. Muy a menudo me decían que parecía cansado y que necesitaba dormir más. Me molestaba cada vez que oía esto. Pero, ¿sabes qué?, tenían razón. Casi todo el mundo necesita más horas de sueño.

CÓMO

Hay dos cosas que pueden impedirnos dormir lo suficiente: no disponer de bastante tiempo para hacerlo y no dormir de forma profunda y continuada durante el tiempo asignado para ello. En cuanto al primer problema:

❖ Decide cuántas horas necesitas dormir cada noche. Después de eso consulta tu agenda, mira a qué hora tienes que levantarte y busca la manera de poder dedicarle más tiempo al sueño. Averigua qué es lo que necesitas hacer antes de acostarte para dormirte a tiempo; probablemente una de esas cosas será ¡no ponerte a discutir con alguien!

❖ Observa las «razones» que te vas inventando para quedarte despierto hasta más tarde de lo que habías pensado. La mayoría de las opciones, si no todas, se pueden resumir en dos: ¿qué es más importante, tu salud y tu bienestar, o ver un rato más la tele, realizar tareas domésticas o .... (puedes escribir en este espacio cualquier cosa que se te ocurra)?

❖ Disfruta a tope de esa sensación de estar descansado y alerta que te da el dormir lo suficiente. Aprecia esas estupendas sensaciones para que tu cerebro quiera más de ellas en el futuro.

Con respecto al segundo problema, el hecho de dormir en sí mismo, voy a ofrecerte algunas sugerencias; puedes elegir las que te funcionen:

❖ Ten en cuenta el consejo de organizaciones como la Fundación Nacional para el Sueño: sigue una rutina a la hora de ir a la cama. Relájate un buen rato antes de acostarte; dos o tres horas antes deja de comer (sobre todo chocolate), de tomar café o alcohol, de hacer ejercicio o fumar, y asegúrate de que el entorno de tu dormitorio facilita el sueño (por ejemplo, un buen colchón, silencioso y firme, o tapones para los oídos si tu pareja ronca o respira ruidosamente).

❖ Haz lo que puedas para reducir tu estrés. El estrés crónico eleva el nivel de hormonas como el cortisol, que harán que te cueste mucho quedarte dormido o despertar temprano por las mañanas.

❖ Haz un trato contigo mismo para preocuparte o hacer los planes durante el día siguiente, una vez que hayas dormido y descansado. Enfoca tu atención en aquello que te hace sentir feliz y relajado, o simplemente en la sensación misma de respirar. Trae a tu mente la cálida sensación de estar con alguien que se preocupa por ti. Sé comprensivo contigo mismo.

❖ Relájate de verdad. Por ejemplo, haz cinco, o diez, exhalaciones *laaargas*; imagina que tienes las manos calientes (y mételas bajo la almohada); presiona los labios con un dedo o un nudillo; relaja la lengua y la mandíbula; imagínate que estás en un escenario muy tranquilo; ve relajando progresivamente cada una de las partes de tu cuerpo, empezando por los pies y subiendo hasta la cabeza.

❖ Hay ciertos nutrientes que son fundamentales para dormir bien. A menos que estés seguro de que se encuentran presentes en tu dieta diaria, piensa en la conveniencia de tomar suplementos de magnesio (500 miligramos al día) y calcio (1200 miligramos al día), si puedes, la mitad por la mañana y la otra mitad por la noche antes de acostarte.

❖ La serotonina es un neurotransmisor que ayuda a dormir; está formado por un aminoácido, el triptófano, y sería conveniente que tomaras entre 500 y 1000 miligramos de triptófano justo antes de acostarte. Si te despiertas de madrugada y te cuesta volver a dormirte, podrías tomar de forma sublingual (colocándolo debajo de la lengua) 1 miligramo de melatonina. También podrías comer un plátano o cualquier otro alimento que puedas ingerir de forma fácil y rápida; de esta manera elevas el nivel de azúcar en la sangre, lo cual hará que aumenten los niveles de insulina, que a su vez transportan más triptófano hasta tu cerebro. Por lo general puedes conseguir triptófano y melatonina en cualquier herboristería o tienda de nutrición. Pero recuerda, no tomes ninguno de estos suplementos si estás dando el pecho o tomando medicación psiquiátrica (a menos que tu médico lo apruebe). ¡Felices sueños!

9

HAZTE AMIGO DE TU CUERPO

Imagina que tu cuerpo está separado de ti y plantéate las siguientes preguntas:

* ¿Cómo ha cuidado de ti tu cuerpo durante todos estos años? Por ejemplo, entre otras muchas cosas, te ha mantenido con vida, te ha proporcionado placer y te ha llevado de un sitio a otro.
* A cambio de esto, ¿cómo cuidas tú de tu cuerpo? Lo tranquilizas, le das de comer, lo ejercitas o lo llevas al médico. Por otro lado, ¿de qué manera podrías estar haciéndole daño, por ejemplo alimentándolo de comida basura o intoxicándolo con alcohol o tabaco?
* ¿Eres crítico con tu cuerpo? Por ejemplo, ¿te sientes decepcionado o avergonzado de él? ¿Sientes que te ha fallado o quisieras que fuera diferente?
* Si tu cuerpo pudiera hablar, ¿qué te diría?
* Si tu cuerpo fuera un buen amigo tuyo, ¿cómo lo tratarías? ¿Quizá de forma diferente a como lo haces ahora?

La verdad es que no puedo evitar removerme un poco cuando yo mismo me planteo esas preguntas. Es bastante normal abusar del cuerpo, ignorar sus necesidades —hasta que se intensifican— y no hacer caso a las señales que nos da. Y después de eso, al final de un largo día, soltarlo en la cama como «un caballo al que has hecho correr y sudar», como diría mi padre, que creció en un rancho.

Algunas personas también se enojan con su cuerpo, y a veces muy en serio. Como si fuera culpa del cuerpo pesar mucho o hacerse viejo.

Pero si haces alguna de estas cosas, terminarás pagándolo caro. Porque al fin y al cabo no estás separado de tu cuerpo. Sus necesidades, gozos y dolores son los tuyos. Su destino, algún día, también será el tuyo.

Por otro lado, si tratas bien a tu cuerpo, como a un buen amigo, te sentirás mejor, tendrás más energía, serás más resistente y, probablemente, vivirás más años.

CÓMO

Recuerda un momento de tu vida en el que trataste bien a un buen amigo. ¿Cuál fue tu actitud hacia ese amigo y qué hiciste por él? ¿Qué sensación tuviste al portarte bien con él?

Ahora imagínate un día tratando a tu cuerpo como a otro buen amigo al que amas, ayudándolo a salir de la cama cuando te levantas, siendo amable con él, estando a su lado, sin empujarlo... ¿Qué sensación tendrías?

Imagina que le das ánimos a tu cuerpo conforme transcurre la mañana (por ejemplo, ofreciéndole un vaso de agua, dándole una agradable ducha y sirviéndole una comida deliciosa) y que lo tratas con amor mientras realizas otras actividades, como por ejemplo conducir, cuidar a los niños, hacer ejercicio, trabajar con otros, lavar los platos, hacer el amor o cepillarte los dientes.

¿Cómo te sentirías si pensaras en tu cuerpo de esta forma? Muy probablemente experimentarías menos estrés, más calma y relajación, más placer y comodidad, y una mayor sensación de llevar las riendas de tu vida, además de sentir que te estás portando bien contigo mismo, ya que en último término no se trata de que tengas un cuerpo, sino de que tú eres tu cuerpo; por eso al cuidarlo te estás cuidando a ti mismo.

Si tu cuerpo pudiera hablar, ¿qué crees que diría después de que lo hubieras tratado con amor todo el día?

Y ahora propóntelo en serio: trata a tu cuerpo bien durante un día (o incluso solo unos minutos). ¿Qué sensación notas? ¿De qué manera te sientes bien? Fíjate en cualquier resistencia que tengas a tratar bien a tu cuerpo. Quizá un sentimiento de que hacerlo sería mostrarte muy indulgente contigo mismo o que es un pecado. Analiza esa resistencia y comprueba en qué consiste. Y luego decide si tiene o no sentido. Si no lo tiene, vuelve a tratar bien a tu cuerpo.

Si pudieras hablarle a tu cuerpo, ¿qué le dirías? Tal vez podrías escribirle una carta en la que le contases lo que sentías por él en el pasado, y cómo a partir de ahora quieres tratarlo lo mejor que puedas.

Haz una lista corta de cómo puedes cuidar tu cuerpo, por ejemplo dejando de fumar, saliendo antes del trabajo o reservándote algún tiempo para algunos placeres corporales simples. Después de esto proponte tratar mejor a tu cuerpo.

La bondad empieza en la casa de uno.
Y tu cuerpo es tu casa.

10

NUTRE TU CEREBRO

Tu cerebro contiene aproximadamente cien mil millones de neuronas además de un billón de células de apoyo. La mayoría de las neuronas se activan entre cinco y cincuenta veces por segundo, incluso cuando estás dormido. Por consiguiente, aunque el peso del cerebro no llega a un kilo y medio, es decir, aproximadamente el dos o el tres por ciento de todo el peso corporal, necesita cerca del veinticinco por ciento de la glucosa que tenemos en la sangre. ¡Normal que esté siempre hambriento!

Y aparte de glucosa, precisa de otros nutrientes. Por ejemplo, casi el sesenta por ciento del peso en seco del cerebro está formado por grasas. Piensa también en los neurotransmisores que transportan la información de una célula a otra. Tu cuerpo construye estas moléculas complejas usando unas partes más pequeñas, ayudado por otras sustancias bioquímicas. Por ejemplo, la serotonina (que ayuda a mantener el equilibrio anímico y favorece la digestión y el sueño) está compuesta de triptófano, con la ayuda de hierro y vitamina B_6.

Cuando se da una carencia significativa en alguna de las docenas de nutrientes que tu cerebro necesita, aparecen daños a nivel físico y mental. Por ejemplo:

CARENCIA	EFECTO
Vitaminas B$_{12}$, B$_6$, folato	Estado depresivo (Skarupski *et al.* 2010)
Vitamina D	Sistema inmunológico debilitado; demencia; estado depresivo (Nimitphong y Holick 2011)
DHA	Estado depresivo (Rondanelly *et al.* 2010)

Por otro lado, llenar tus almacenes neuronales de los suplementos adecuados te aportará más energía, resistencia y bienestar.

CÓMO

En cada comida, especialmente durante el desayuno, toma unos cien gramos de proteínas de una u otra fuente. Esto te proporcionará aminoácidos vitales además de ayudar a regular la cantidad de azúcar e insulina que tienes en la sangre.

Y hablando de azúcar en la sangre, comer grandes cantidades de dulces e hidratos de carbono de harina blanca aumenta los niveles de insulina... que luego caen en picado, llevándote a un estado de cansancio, malhumor y confusión que se conoce con el nombre de hipoglucemia. Además, tener de forma habitual niveles altos de insulina puede llevarte al resbaladizo territorio de la diabetes tipo 2. De manera que cuidado con esas comidas: toma el mínimo de ellas, y nunca más de veinticinco gramos de azúcar refinada al día. También deberías abstenerte en la medida de lo posible de consumir harina refinada.

Come frutas y verduras de color llamativo en grandes cantidades, como por ejemplo arándanos, col rizada, remolacha, zanahorias y brócoli. Estos alimentos contienen nutrientes importantes que ayudan a la memoria (Krikorian *et al*. 2010), protegen el cerebro contra la oxidación (Guerrero-Beltrán *et al*. 2010) y pueden reducir el riesgo de demencia (Gu *et al*. 2010).

Toma suplementos multivitamínicos y minerales de amplio espectro y alta potencia. Sería estupendo que pudieras obtener todos estos nutrientes para una salud óptima de las tres comidas que haces al día, pero la mayoría de la gente no tiene tiempo para preparar todas esas verduras frescas ni el resto de los alimentos, más complejos, que harían falta para llevar una dieta equilibrada. Además, necesitamos más de estos nutrientes para ayudar a metabolizar los cientos de moléculas fabricadas por el hombre a las que estamos expuestos a diario. Aparte de comer de la manera más sana que puedas, sería estupendo que tomaras cápsulas de suplementos, algo que te llevará menos tiempo del que empleas en cepillarte los dientes. Para saber cuáles son los suplementos indicados (cuya dosis diaria es normalmente de unas dos o tres cápsulas), busca aquellos que tengan de cinco a diez veces las «cantidades diarias recomendadas» de vitaminas B y también el cien por cien de los minerales que deben tomarse todos los días.

También deberías tomar de dos a tres cápsulas de algún aceite de pescado de alta calidad, suficientes para conseguir al menos 500 miligramos de DHA (ácido decosahexaenoico) y EPA (ácido eicosapentaenoico); examina la etiqueta. Si no quieres aceite de pescado, una alternativa es la combinación de aceite de lino y DHA de algas, pero el aceite de pescado es la manera más eficaz de aportar aceites omega 3 a tu cuerpo y a tu cerebro.

Mientras tanto, conforme te pones en marcha, disfruta sabiendo que cuando «alimentas tu cabeza», en realidad estás alimentando tu vida.

11

PROTEGE TU CEREBRO

Tu cerebro controla otros sistemas corporales, y constituye la base de tus pensamientos y tus sentimientos, tus alegrías y tus tristezas. Sin lugar a dudas, es el órgano más importante de tu cuerpo. Pequeños cambios en su composición neuroquímica pueden dar lugar a grandes cambios en tu ánimo, resiliencia, memoria, concentración, pensamientos, sentimientos y deseos.

Por eso es fundamental protegerlo de influencias negativas como las toxinas, la inflamación o el estrés.

Si cuidas bien tu cerebro, este cuidará de ti todavía mejor.

CÓMO

Evita las toxinas. Además de algunos detalles tan obvios que ni siquiera habría que mencionarlos (por ejemplo, no se te ocurra ponerte a esnifar pegamento ni te pongas de cara al viento cuando echas gasolina, dejando que te lleguen directamente sus efluvios) ten cuidado con el alcohol, porque lo que hace es privar de oxígeno a las células cerebrales: ese estupor que sientes es simplemente la sensación de las neuronas ahogándose.

Minimiza la inflamación. Cuando tu sistema inmunitario se activa para luchar contra una infección o un alérgeno, manda unos mensajeros químicos llamados citosinas a través de tu cuerpo. Por desgracia, las citosinas pueden permanecer en tu cerebro, ocasionando una bajada de ánimo o incluso una depresión (Maier y Watkins 1998; Schiepers, Wichers y Maes 2005).

De manera que toma medidas prácticas para reducir los resfriados y las gripes, como por ejemplo lavarte a menudo las manos, y evita cualquier alimento que le haga daño a tu sistema inmunitario. Por ejemplo, muchas personas tienen reacciones inflamatorias ante el gluten (harina, avena, centeno) o ante productos lácteos; no es ninguna sorpresa, ya que estos alimentos empezaron a utilizarse hace solo diez mil años, una porción minúscula de tiempo si la comparamos con los doscientos millones de años de evolución de la dieta de los mamíferos, y en particular de los primates, que es lo que los humanos hemos heredado. No hace falta mostrar síntomas claros de alergia para que un simple análisis de sangre llevado a cabo en cualquier laboratorio te demuestre que el gluten y los lácteos son perjudiciales para los seres humanos. Basta con que dejes de consumir por completo ambos tipos de alimentos durante un par de semanas para comprobar por ti mismo las diferencias a nivel físico y mental; cuando las veas, te darás cuenta del efecto que causaban en ti y seguirás apartándolos de tu dieta. Yo lo hago, y puedo decirte que hay muchísimas alternativas más saludables y, al mismo tiempo, deliciosas.

Además de cuidar tu alimentación, haz ejercicio de forma habitual. El ejercicio propicia el crecimiento de nuevas estructuras neurales a través del nacimiento de nuevas células cerebrales.

Relájate. La hormona del estrés, el cortisol, por un lado sensibiliza la campana de alarma que pone en marcha la reacción de lucha o huida (la amígdala) y por otro debilita (incluso llega a encoger) una región del cerebro llamada hipocampo, que ayuda a frenar la reacción de estrés. En consecuencia, provoca un círculo vicioso en el cual el estrés de hoy te hace más sensible al estrés de mañana. Además, como el hipocampo también es fundamental para elaborar recuerdos, una dosis diaria de estrés (aunque solo consista en sentir frustración, irritación o angustia) dificulta que podamos aprender cosas nuevas o que pongamos nuestros sentimientos en perspectiva. Uno de los mejores antídotos contra el estrés es la relajación, pues activa el sistema nervioso parasimpático, cuyos efectos son calmantes y relajantes. En el capítulo 4 se proponen varias formas de relajación.

Segunda parte

GOZA DE LA VIDA

12

DISFRUTA

Cuando vivir es un placer, no te dedicas a empujar fuera de tu vista lo difícil o doloroso. Simplemente te abres a todo lo bueno que te rodea, te expones a ello, te deleitas con su presencia, lo disfrutas.

Esto activa el ala parasimpática de tu sistema nervioso autónomo, con su efecto calmante y relajante, y aquieta a las hormonas responsables de la reacción de estrés. Además de elevar tu estado de ánimo, deshacer tus miedos y ofrecerte una visión más optimista, el alivio del estrés que supone disfrutar de la vida también beneficia a tu salud física, fortaleciendo tu sistema inmunitario, mejorando tu digestión y equilibrando tus hormonas.

CÓMO

Deléitate con los placeres de la vida diaria, empezando por tus sentidos:

* ¿Qué huele bien? La cáscara de una naranja, el humo de la leña en el aire, la cena, el pelo de un bebé...
* ¿Qué tiene un sabor delicioso? El café fuerte, el té suave, ¡una tostada con chocolate!, la ensalada fresca, el queso de cabra...
* ¿Qué es bello? Un amanecer, un atardecer, una luna llena, un bebé durmiendo, las hojas rojas del otoño, las imágenes de las galaxias, la nieve recién caída...
* ¿Qué suena maravillosamente? Las olas en la playa, el viento a través de los pinos, la risa de un ser querido, el Himno de la Alegría de Beethoven, el silencio...
* ¿Qué tiene un tacto agradable en tu piel? Unas sábanas recién planchadas, rascarte la espalda, el agua caliente, una brisa fresca en un día de calor bochornoso...

Y ahora vamos a tener en cuenta también la mente: ¿qué te gusta pensar o recordar? Por ejemplo, trae a tu mente los recuerdos de alguno de tus lugares favoritos (un prado entre montes, una playa tropical, un sillón acogedor...) e imagínate a ti mismo allí.

Ahora saborea estos placeres. Deléitate en ellos, tómate un tiempo para disfrutarlos y deja que empapen tu cuerpo y tu mente. ¡Marínate en el placer! Nota cualquier resistencia que tengas a sentirte realmente bien, cualquier pensamiento de que hacerlo es una tontería o está mal... e intenta desprenderte de esa sensación. Y volver al placer.

¡Disfruta!

13

DI SÍ

Cuando nuestro hijo estaba haciendo teatro en el instituto, aprendí un ejercicio para improvisar en escena: no
importa lo que el otro actor te diga o te haga, se supone que
siempre debes darle la razón, decirle que sí (a veces literalmente). En otras palabras, si alguien en el escenario se vuelve
hacia ti y te dice: «Doctor, ¿por qué mi hijo tiene dos cabezas?», deberías responderle algo como: «Porque dos cabezas
son mejor que una».

La vida real es como una de esas improvisaciones: el
guion está siempre cambiando y decir sí te mantiene dentro
de la corriente, saca toda tu creatividad y hace que todo sea
más divertido. Prueba a decir no en voz alta o dentro de tu
mente. ¿Cómo te sientes? Y ahora di sí. ¿En cuál de las dos
situaciones te sientes mejor, abres más tu corazón y te metes
más en el mundo?

Decir sí a una parte de la vida (a una condición o situación, a una relación, a tu historia o tu personalidad o a algo
que está ocurriendo dentro de tu propia mente) no significa

necesariamente que te guste. Puedes decir que sí al dolor, a la tristeza, a algo que no vaya bien en tu vida o en la de otros.

Tu sí significa que aceptas las cosas tal y como son, que no te resistes emocionalmente a ellas a pesar de que estés intentando cambiarlas con todas tus fuerzas. Por lo general esto te hará sentir más tranquilo y TE ayudará a que cualquier acción que tomes sea más efectiva.

CÓMO

Di sí a algo que te gusta. Luego di sí a algo que te trae sin cuidado. Ambas cosas son probablemente muy fáciles.

Ahora di sí a algo que no te gusta. ¿Puedes hacerlo? Conforme lo haces, intenta sentir que en esencia estás bien, incluso aunque haya algo que no te gusta. Además, trata de sentir algo de aceptación en ese sí, el rendirte a los hechos tal y como son, te gusten o no.

Intenta decir sí a más cosas que no son de tu gusto. No estás diciendo un sí en el sentido de que las apruebas, sino que estás reconociendo su existencia, por ejemplo, sí, está lloviendo en mi excursión; sí, hay mucha pobreza y miseria en todo el mundo; sí, mi carrera está estancada; sí, he sufrido un aborto; sí, mi mejor amiga tiene cáncer. Sí, así es como son las cosas. Sí a estar en un atasco de tráfico. Sí a quedarte sin trabajo. Sí al cuerpo que tienes.

Sí al tira y afloja de cada día; a los pequeños y grandes cambios; a lo bueno, lo malo y lo indiferente; al pasado, al presente y al futuro. Sí a esa hermana más pequeña cuyo nacimiento te destrozó, al trabajo de tus padres y a tus circunstancias familiares, a lo que decidiste al salir de casa de tus padres, a lo que desayunaste, a mudarte, a la persona con la que duermes (o a no dormir con nadie), a tener hijos (o a no tenerlos).

Di sí a todo lo que surge en tu mente. Sí a sentimientos, sensaciones, pensamientos, imágenes, recuerdos, deseos... Sí incluso a cosas que necesitas controlar, como ese impulso iracundo de golpear a alguien, la autocrítica inmerecida o una adicción.

Di sí por completo a la gente que hay en tu vida. Sí al amor de tus padres y también a los aspectos de su personalidad que más te hirieron. Sí a la irresponsabilidad de esa amiga tan simpática y paciente con la que sabes que no puedes contar porque siempre cambia de idea a última hora. Sí a la sinceridad de esa otra amiga que es tan irritable y crítica. Sí hasta a la más pequeña parte de un niño, un pariente, un conocido lejano, un enemigo.

Y sí a las diversas partes de ti mismo, cualesquiera que sean. No se trata de ser delicado y elegir solo las que te gustan, sino de decir sí (un sí enorme) a todo lo que hay dentro de ti.

Juega con diferentes matices (en voz alta o dentro de tu mente) en relación con distintos elementos (entre ellos los que no te acaban de gustar) y date cuenta de cómo te sientes. Prueba con un sí prudente, un sí seguro de ti mismo, suave, lastimero o entusiasta.

Siente el sí en todo tu cuerpo. Puedes adoptar un método de Thich Nhat Hanh: inspira, siente algo positivo; espira, di sí. Inspira energía, espira sí. Inspira calma, espira sí.

Di sí a tus necesidades. Sí a la necesidad de más tiempo para ti mismo, más ejercicio, más amor, menos dulces y menos ira. Intenta decir no a estas cosas en tu mente o en voz alta y mira cómo te sientes. Y luego vuelve a decir sí a todo esto.

Di sí a las acciones. A besar, a hacer el amor, a alcanzar el salero, a cepillarte los dientes, a decir adiós a alguien que amas.

Siente tus noes. Y luego comprueba qué sucede si dices sí a alguna de las cosas a las que previamente habías dicho no.

Di sí a estar vivo. Sí a la vida. Sí a tu propia vida. Sí a cada año, a cada día. Sí a cada minuto que pasa.

Imagina que la vida te está susurrando sí. Sí a todos los seres y sí a ti mismo. Todo aquello a lo que has dicho sí te está diciendo sí. ¡Incluso aquello a lo que has dicho no te está diciendo sí!

Cada aliento, cada latido, cada sobrecarga alrededor de una sinapsis: cada uno de ellos dice sí. Sí, todos sí, todo dice sí.

Sí.

14

DESCANSA MÁS

Mientras evolucionábamos en partidas de caza hace millones de años, la vida se movía a la velocidad de un paseo, al mismo ritmo que las estaciones, y empezando cada día por la salida del sol y terminando cuando este se ocultaba. En muchas de las culturas basadas en la caza que existen actualmente solo se emplean unas pocas horas al día para encontrar comida y refugio. Puede que sea acertado suponer que nuestros antepasados vivían de una manera similar, y que pasaban el resto del tiempo relajándose, en compañía de amigos y mirando a las estrellas.

Por supuesto, la vida era muy dura en aquellos días, aunque de otra manera (había que tener cuidado con los tigres de dientes de sable, por ejemplo); sin embargo, está claro que tanto el cuerpo como la mente humana evolucionaron para permanecer en un estado de relajación o de ocio (en otras palabras, para descansar) durante gran parte del tiempo.

Pero ahora, en el siglo XXI, la gente trabaja habitualmente diez, doce o incluso más horas al día (si incluimos las que se emplean en ir y volver al trabajo, trabajar en casa y hacer viajes de trabajo) para ganarse el pan y un techo sobre su cabeza. Y lo mismo se puede decir de las madres (o padres) que se quedan en casa con sus hijos, ya que «la aldea necesaria para criar a un hijo» hoy en día se parece más a una ciudad fantasma. La mayoría de nosotros salimos a trabajar tan pronto como nos levantamos de la cama y vemos los correos electrónicos o damos de comer a los niños (¡o ambas cosas a la vez!) y al volver a casa por la noche lo primero que hacemos es escuchar los mensajes grabados en el contestador.

¡Es como para pararse a pensar cuál es la cultura «avanzada» y cuál la primitiva!

El moderno (frenético) estilo de vida produce estrés y tensión crónica, así como enfermedades físicas y mentales relacionadas con estos trastornos. Además disminuye el desarrollo de la creatividad, del ocio y de la vida espiritual, y afecta a la relación con nuestros hijos o con nuestras parejas. Como terapeuta, con frecuencia veo a familias en las que uno o ambos cónyuges se enfrentan a horarios laborales de sesenta o más horas a la semana; el trabajo es un elefante que se sienta en la sala de estar y no deja espacio para nada más.

Imagínate por un momento que has llegado a viejo y estás sentado cómodamente reflexionando sobre tu vida. ¿Crees de verdad que en esos momentos te arrepentirías de no haber pasado más tiempo trabajando o haciendo las tareas domésticas? ¿O desearías haber empleado más tiempo en relajarte, pasando el rato con los amigos y mirando a las estrellas?

CÓMO

Prométete a ti mismo que descansarás más a menudo. La mayoría de los descansos pueden ser breves, incluso de un minuto o menos. Pero sus efectos acumulativos serán realmente beneficiosos para ti.

Aquí tienes algunos métodos para ayudarte a descansar; elige los que más te gusten:

- *Date permiso*: puedes hablar contigo y decirte que has trabajado mucho y te mereces un pequeño descanso, que es importante para tu salud, que en realidad tu productividad aumentará cuando descanses más, ¡que incluso los hombres y mujeres de las cavernas descansaban más que tú!...
- *Renuncia a todo lo demás*: cuando llegue el momento de descansar, deja todo lo que estés haciendo. Desconéctate por completo.
- *Tómate muchos minidescansos*: sal varias veces al día de la corriente de la acción aunque solo sea durante unos pocos segundos: cierra los ojos un momento, realiza un par de inspiraciones profundas, cambia tu foco visual al punto más lejano que puedas ver, repite una frase o una oración, ponte de pie y muévete...
- *Cambia de actividad*: quizá aún tengas que seguir trabajando en tu lista de cosas por hacer, pero al menos descansa de determinada tarea ocupándote de una diferente.
- *Sal a la calle*: mira por la ventana, sal fuera y mira al cielo, encuentra una excusa para abandonar por unos momentos una reunión...
- *Desenchúfate*: aunque sea solo por unos minutos, deja de contestar al móvil, desconecta Internet, apaga la televisión o la radio, quítate los auriculares...

❖ *Haz feliz a tu cuerpo*: lávate la cara, cómete una galleta, huele algo que tenga un olor delicioso, estírate, échate en la cama, frótate los ojos o las orejas...

❖ *Vete de vacaciones mentales*: puedes recordar o imaginarte un escenario (un lago de montaña, una playa tropical, la cocina de la abuela) que te haga sentir relajado y feliz. Siempre que puedas, ve a este lugar y siéntete bien. Como me he dicho a mí mismo algunas veces: «Puede que sean dueños de mi cuerpo, pero no de mi mente».

❖ *Mantén tu indicador de estrés fuera de la zona roja*: si ves que te encuentras cada vez más frustrado y tenso en alguna situación, desconéctate de ella y toma un descanso antes de que la cabeza te explote. Quedarse fuera de la «zona roja» del estrés es una prioridad a la hora de mantener a largo plazo tu salud y tu bienestar.

Con objeto de desentrañar las causas de esa vida tan ajetreada que llevas y de la falta de descanso, piensa en todo aquello que piensas que debes hacer. ¿Puedes dejar o delegar alguna de esas tareas? ¿Y puedes aceptar menos compromisos y tareas a partir de ahora?

En mi caso tengo que confesar que he tardado bastante en aprender a decir no. No a actividades que no son prioritarias, no a cosas importantes para las que simplemente no tengo tiempo, no a mi insaciable apetito a la hora de llenar de compromisos todo mi calendario.

Decir que no te ayudará a decirle sí a tu propio bienestar, a amigos, a actividades que te llenan de verdad, a una mente despejada... A las estrellas parpadeando sobre tu cabeza en las alturas.

15

ALÉGRATE

Para asegurar la supervivencia de nuestros ancestros en medio de condiciones extremadamente duras, y en ocasiones letales, se fue desarrollando una complicada red neuronal que continuamente rastreaba la aparición de posibles amenazas (tanto fuera, en el entorno, como dentro de tu mente), reaccionaba ante ellas, las almacenaba y era capaz de recordarlas.

Como consecuencia de esto, prestamos mucha atención a lo negativo, no solo a las amenazas sino también a las pérdidas y a los abusos que se producen a nuestro alrededor, así como a nuestras reacciones emocionales, como preocupación, tristeza, resentimiento, decepción y rabia. También nos centramos en nuestros errores y en nuestras flaquezas, además de en los sentimientos de culpa, vergüenza, incompetencia y hasta desprecio por nosotros mismos que ocasionan.

Por supuesto, es importante ser consciente de aquello que podría hacernos daño y combatirlo. Y por supuesto, resulta muy útil superarse y mejorar la mente y el carácter.

Pero debido a esa tendencia del cerebro a fijarse principalmente en lo negativo, la mayoría de nosotros suele ser bastante extremista. Y esto realmente es injusto. No es razonable centrarse en esa pequeña porción que va mal e ignorar o quitarle importancia a todo lo bueno que nos rodea. Entre los resultados de esa ausencia de perspectiva se encuentran la ansiedad, el pesimismo, la depresión y la inseguridad. Además, poner énfasis en lo negativo también nos vuelve desconfiados o desagradables con los demás.

Sin embargo, si equilibras la tendencia natural del cerebro haciendo un esfuerzo por fijarte en lo bueno (sobre todo en esas pequeñas cosas de las que estás contento), te sentirás más feliz, más en paz con el mundo, más abierto a los demás y más dispuesto a luchar por tus sueños. Y esa alegría, al crecer, irá disolviendo de forma natural tu estrés, con lo que obtendrás también beneficios para tu salud, como por ejemplo un sistema inmunitario más fuerte.

¡Esto es lo bueno que tiene fijarse en lo bueno!

CÓMO

Busca cosas de las que te alegres, como:

❖ Aquello tan malo que nunca sucedió, o que al final no fue tan malo como te temías.
❖ El alivio de que los momentos más duros o estresantes ya han pasado.
❖ Todo lo bueno que te sucedió en el pasado.

❖ Lo positivo que hay en tu vida hoy en día: amigos, seres queridos, hijos, mascotas, tu salud, tiendas llenas de
comida, bibliotecas públicas, electricidad, los aspectos
agradables de tu trabajo y tus finanzas, las actividades
que disfrutas, amaneceres, atardeceres, ¡helados!...

❖ Las cosas buenas que tienes, como tu carácter positivo y
tus buenas intenciones.

Deja que la alegría te inunde:

❖ «Alegre» significa «estar contento con» o «feliz de».
Nota cómo te sientes (en tus emociones, cuerpo y pensamientos) cuando estás contento con algo o feliz de
algo. Cuando creas una conciencia clara de lo que es un
estado mental positivo, puedes usar su recuerdo para
volver a revivir esa alegría.

❖ Fíjate en cada sensación de alegría que experimentes,
por pequeña, sutil o breve que sea.

❖ Quédate con las buenas noticias. ¡No cambies tan rápido de canal!

❖ Comprueba si la duda y la preocupación han secuestra-
do tu alegría. Y sé sincero contigo mismo, piensa que
quizá estés aferrado a tus resentimientos, a tu dolor o al
«problema» que tuviste, o tienes, con alguien. No pasa
nada porque a veces te cueste trabajo mantener la alegría; la verdad es que es algo que le sucede a todo el
mundo. Simplemente intenta ponerle un nombre a lo
que ha ocurrido en tu mente (como «absorto», «pen-
sativo», «refunfuñando»...) y luego decides si quieres
seguir hundiéndote en la desgracia o si por el contrario

prefieres centrarte en lo bueno. Toma una decisión clara, reconócela y ponla en práctica.

❖ Todos los días, en algún momento antes de acostarte, recuerda al menos tres cosas de las que estés contento.

Comparte tu alegría:

❖ Proponte hablar a otras personas sobre algo de lo que estés contento, algo que te haga sentir feliz (muchas veces puede ser cualquier detalle sin importancia de la vida cotidiana).

❖ Busca una oportunidad para decirle a otra persona lo que aprecias de ella.

16

TEN FE

Prueba este pequeño experimento: en tu mente o en voz alta, completa la siguiente frase unas cuantas veces: «Tengo fe en......». Luego completa esta otra frase varias veces más: «No tengo fe en.........». ¿En qué consiste la sensación de tener fe y la de no tener fe?

En tu experiencia o en tu fe, probablemente experimentes una sensación de creer en algo, lo cual tiene sentido, ya que la palabra viene de una raíz latina cuyo significado es «creer». («Fe» también puede tener un significado religioso, pero aquí la empleo con un significado más general.) Tener fe es una sensación positiva. Confiar en algo es tener fe; *confide* (*con + fide*) significa «con fe».

La fe viene de la experiencia directa, de la razón, de fuerzas en las que confiamos y a veces de algo que simplemente sentimos que está bien en nuestro interior aunque no podamos explicar por qué. Puedes tener fe tanto en la evolución biológica como en el cielo. A veces la fe parece algo obvio, como esperar hundirte en el agua cada vez que saltas a una piscina; en otras ocasiones, es más bien una elección consciente (un acto de fe), como cuando decides creer que a tu hija le va a ir bien en la universidad.

¿En qué tienes fe, tanto fuera, en el mundo, como dentro de ti?

Por ejemplo, yo tengo fe en que el sol saldrá mañana, en mi pareja cuando está escalando una montaña, en la ciencia y el conocimiento, en la bondad de las personas, en el delicioso sabor de las manzanas, en el amor de mi vida, en Dios y en que la mayoría de la gente desea vivir en paz. Y tengo fe en mi determinación, en mis habilidades como cocinero y en mis buenas intenciones.

En tu cerebro la fe (definida a grosso modo para incluir suposiciones y expectativas) constituye un medio excelente de conservar recursos neuronales, ya que gracias a ella no es necesario que tengas que ponerte a pensar cuál será el resultado de una acción cada vez que la lleves a cabo. Ese sentido visceral de convicción sirve como cemento para integrar la lógica prefrontal, la emoción límbica y la excitación que se produce en el tronco cerebral.

Sin fe en el mundo ni en ti, la vida parece bastante inestable y, a veces, espantosa. La fe te enraíza en algo que te apoya y en lo que puedes confiar; es el antídoto de la duda y el miedo. Te refuerza y te apoya para que puedas aguantar en los momentos más duros. Te ayuda a permanecer en la senda que has elegido, con la seguridad de que te llevará a buen puerto. La fe alimenta la esperanza y el optimismo que te animan a actuar y a obtener resultados que le dan la razón a esa fe, lo que produce un maravilloso «círculo vicioso positivo». La fe te hace alzar la mirada hacia horizontes lejanos, hacia lo que es sagrado, incluso hacia lo Divino.

CÓMO

Es verdad que es bueno conservar cierto escepticismo. Pero exagerarlo te lleva a desconfiar de todo y de todos, incluso de ti mismo. Necesitas tener fe en que sabrás poner tu fe en una buena causa. Y eso significa evitar dos errores fundamentales:

❖ Confiar demasiado en lo que no debes, por ejemplo en gente que no hará nada por ti, en un negocio o trabajo que es muy poco probable que funcione, en dogmas y prejuicios o en un hábito mental que te hace daño (como estar siempre a la defensiva con los demás), que puede haber sido útil hace años pero que ahora es como ir a todos lados con una armadura que se te ha quedado demasiado pequeña.

❖ Confiar muy poco en lo que debes, por ejemplo en la buena disposición de la mayoría de las personas para escuchar lo que de verdad tienes que decir, en los resultados que obtendrás si sigues esforzándote o en la bondad intrínseca de tu corazón.

De manera que, en primer lugar, haz una lista de aquello en lo que tienes fe, tanto en el mundo como en ti mismo. Puedes hacer esto en tu interior, sobre un papel o hablando con alguien.

Acto seguido pregúntate a ti mismo dónde puedes haberte equivocado al depositar tu fe (en un terreno baldío, en gente que no cumple su palabra). Evita poner demasiada fe en ciertos aspectos de tu mente, como por ejemplo la creencia de que eres débil o culpable, de que nadie se preocupa por ti o de que de alguna manera vas a obtener resultados distintos haciendo prácticamente lo mismo de siempre.

Elige un ejemplo de «fe mal emplazada» y de forma consciente déjala a un lado. Reflexiona sobre las causas que te han llevado a desarrollarla y lo que te ha costado con el paso del tiempo; imagínate los beneficios de una vida sin ella y desarrolla otros recursos para sustituirla. Repite estos pasos con otros casos de fe equivocada o mal situada.

En segundo lugar, puedes hacer otra lista, esta para aquellas cosas (tanto exteriores como interiores) en las que razonablemente podrías depositar tu fe. Se trata de oportunidades en las que no has creído hasta ahora. A veces se trata de personas (entre ellas los niños), mientras que en otras ocasiones se refiere a aspectos más intangibles, como la seguridad que disfrutamos en la mayoría de los días de nuestra vida o las fortalezas y las virtudes que forman parte de tu ser.

Elige uno de los elementos de la lista e intenta poner más fe en él. Recuerda todas las buenas razones que existen para confiar en ello. Imagina cómo el hecho de reforzar tu fe te ayudará a ti mismo y a los demás. Elige de forma consciente creer en ello.

Tercero, piensa en algunas de las buenas cualidades y aspiraciones que residen en lo más hondo de tu ser. Entrégate a ellas un momento, o todo el tiempo que quieras. ¿Cómo te sientes?

Intenta tener más fe en los mejores aspectos de tu ser. Siempre te han sido fieles.

17

DESCUBRE LA BELLEZA

La belleza es lo que deleita a los sentidos, entre ellos el «sexto sentido» de la mente.

Cada persona encuentra la belleza en formas y lugares distintos. No hace falta que vayas a un museo, escuches una sinfonía o comas una cena de *gourmet* para que estés en presencia de la belleza.

Por ejemplo, estas son algunas de las cosas (puede que extrañas) que para mí son bellas: un brote de hierba en una grieta de la acera. El pitido del tren cuando arranca. El olor de la canela. Las curvas en forma de trébol de la autopista. Los cuchillos de cocina. Los rostros de las enfermeras. La valentía. El agua cayendo. Un donut glaseado. El tacto de la cachemira. La espuma. Los *frisbees* (ese disco de plástico que nos lanzamos en la playa). Las serpientes. La geometría. Las monedas desgastadas. La sensación al parar un balón de fútbol.

¿Qué es lo que a ti te parece bello?

Hay mucha belleza a nuestro alrededor. Pero creo que mucha gente apenas se da cuenta. En mi caso era así hasta que me decidí a fijarme conscientemente en la belleza. ¡Y luego nos sorprendemos de que la vida no nos parezca demasiado bonita!

¿Qué sientes tú cuando te encuentras con la belleza? Y no me estoy refiriendo solo a la belleza extraordinaria sino también a la que vemos a diario. Quizá tu corazón se abre, algo se calma en tu mente, sientes placer o se eleva tu estado de ánimo. Sentir la belleza alivia el estrés, alimenta la esperanza y nos recuerda que la vida es mucho más que esas tareas rutinarias en las que nos perdemos. El sentido de la belleza también puede compartirse (¿alguna vez has admirado un atardecer con un amigo?) y hace que nos sintamos más cerca de los demás.

CÓMO

Emplea unos instantes cada día para abrirte a la belleza. Mira de verdad aquello que te rodea, sobre todo las cosas normales y corrientes que tendemos a ignorar, como el cielo, los electrodomésticos, la hierba, los coches, la maleza, los paisajes familiares, las estanterías de libros o las aceras. Intenta hacer lo mismo con los sonidos cotidianos, los olores, los gustos y los tactos. También puedes evocar los más bellos recuerdos, sentimientos o ideas.

Busca la belleza igual que un niño busca conchas en una playa cuando se retira la marea. Ábrete a lo que no se encuentra dentro del marco de referencia de lo «bonito» o «agradable». Sorpréndete. Encuentra la belleza en los sitios más inesperados.

Cuando la encuentres, siéntela. Ábrete a una sensación creciente de belleza sin límites arriba y abajo que se extiende en todas direcciones, como si estuvieras flotando en un mar de pétalos de rosa.

Reconoce la belleza en los demás, en su carácter, decisiones, sacrificios y aspiraciones. Sé consciente de la belleza que existe en los fracasos nobles, en la silenciosa abnegación, en los momentos de luz, y regocíjate ante la buena fortuna de los otros. Escucha la belleza en la voz de la madre reconfortando a su hijo, en la risa de los amigos, en el sonido de la tiza del maestro escribiendo en la pizarra. Contempla la belleza en el rostro de quien acaba de empezar a vivir, y en la de alguien que está a punto de terminar su vida.

Observa la belleza que hay en tu corazón. No te saltes este ejercicio. Si los demás son bellos, tú también lo eres. Tenlo siempre presente.

Crea belleza con tus manos, tus palabras y tus acciones.

Hasta el aliento es bello. Respira belleza y deja que la belleza te respire.

18

SÉ AGRADECIDO

Cada vez que nos regalan algo que nos agrada, sentimos gratitud.

Por tanto, buscar oportunidades para la gratitud (desarrollar una «actitud de gratitud») es una estupenda forma de percibir y disfrutar algunos de los regalos que has recibido.

La gratitud no significa ignorar las dificultades, las pérdidas o la injusticia. Solo quiere decir que, aparte de ser consciente de todo eso, les prestas atención a las ofrendas que vas recibiendo en tu camino. Especialmente a las pequeñas del día a día.

Cuando haces esto, tu mente se acostumbra a centrarse en lo positivo que llega hasta ti, en todo lo que te sustenta, en un sentimiento de plenitud: es como avanzar con el corazón abierto de par en par hacia una mano tendida.

La vida te va llenando cada día más en lugar de vaciarte, y tu reacción natural es sentir que vales mucho más y tienes mucho más dentro de ti para ofrecer a los demás.

Y eso es algo maravilloso. Por ejemplo, los estudios de Robert Emmons y otros investigadores han demostrado que la gratitud trae como consecuencia un mayor grado de bienestar, una mejor adaptación, e incluso mejoras en el sueño (McCullough *et al.* 2001).

CÓMO

Enciende la mecha de la gratitud trayendo a tu mente a alguien hacia quien sientas agradecimiento. Podría ser un amigo, tu padre o tu madre, un abuelo, un maestro, un ser espiritual o una mascota.

Luego *mira a tu alrededor*, tanto aquí y ahora como al pasado, y date cuenta de:

❖ Los regalos del mundo físico. Entre ellos las estrellas del cielo, los colores del arco iris o el hecho extraordinario de que unas constantes, en apariencia totalmente arbitrarias, determinen que los átomos se hayan asociado y permanezcan juntos en nuestro universo para formar planetas y dar lugar a la vida, haciendo posible que tú estés aquí ahora.

❖ Los dones de la naturaleza, como el vuelo de un pájaro, las criaturas que mueren para que nosotros podamos vivir o tu asombroso cerebro.

❖ Los regalos de la vida, entre los que se encuentran las maravillosas instrucciones para crear a un ser humano grabadas en secuencias de ADN.

❖ Los cuidados, la ayuda, los buenos consejos y el amor de otras personas.

Estos regalos se ofrecen libremente; nadie podría hacer nada para ganárselos. Todo lo que podemos hacer es sentirnos agradecidos por ellos y, en la medida de lo posible, usarlos cada día de la mejor manera dentro de la pequeña esfera en la que nos movemos.

Permítete a ti mismo *aceptar* estos regalos. Sería una grosería (¡una verdadera muestra de ingratitud!) rechazarlos.

Recuerda que la gratitud no lleva aparejado ningún sentimiento de culpa ni de obligación; en realidad, ambas cosas dificultan bastante sentir gratitud. Puedes sentirte inclinado a corresponder (a veces de forma indirecta, como cuando le das algo a alguien movido por un sentimiento de apreciación por lo que has recibido de otras personas), pero esto surgirá de tu generosidad, no porque sientas que hayas contraído una deuda. La gratitud nos aleja de esa mentalidad de funcionar sobre la base de acuerdos en las relaciones (si tú haces esto por mí, yo, a cambio, haré esto por ti) y nos lleva a un enfoque basado en la abundancia, en el que sientes que tienes de sobra para compartir y puedes dar de todo corazón sin preocuparte de si los demás contribuyen o no en la misma medida.

Ahora detente un momento y *reflexiona sobre los beneficios* de todo lo que has recibido. Piensa en cómo te ayuda, en cómo ayuda a las personas que te importan, en cómo te hace sentir bien e incrementa tu generosidad.

Y *aprecia la bondad de quien te dio tanto* (se trate de una persona, de la Madre Naturaleza, del universo físico o, si tiene algún significado para ti, de lo Divino). No le quites importancia a esa benevolencia para así evitar sentirte indigno o en deuda; ábrete a ella, por respeto a la verdad, y porque se trata de una forma de dar a quien te dio y de inclinarte gozosamente hacia aquello que en tu mundo constituye la fuente de todos los dones.

Por último, absorbe los dones que vienen hasta ti, sean cuales sean. Déjalos que se conviertan en parte de ti, que se vayan entrelazando con tu cuerpo, tu cerebro y todo tu ser. Mientras inhalas, mientras te relajas, mientras te abres, aprecia todo lo bueno que has recibido.

19

SONRÍE

Sonreír trae innumerables beneficios:

❖ Pensar en aquello que te hace sonreír (gente que amas, momentos divertidos, películas con las que te partiste de risa, travesuras de tu perro...) te ayuda a sentirte bien enseguida, además de desactivar la reacción de estrés y de hacerte producir neuroquímicos como la dopamina y los opiáceos naturales (por ejemplo, las endorfinas).

❖ Los investigadores han descubierto que el gesto facial de sonreír (independientemente de lo que el individuo que lo realiza sienta de verdad) motiva a la persona a ver el mundo de una forma más positiva (Niedenthal 2007).

❖ Sonreír y las buenas emociones que este gesto provoca te hacen más abierto, más participativo, y te ayudan a prestar más atención a las oportunidades que se suceden a tu alrededor, trabajar por tus sueños con más confianza y acercarte a los demás.

❖ A través de lo que llamamos contagio emocional, cuando sonríes y como consecuencia de ello, te sientes y actúas mejor, e influencias a otras personas para que, a su vez, se sientan y actúen mejor. De esta manera comienza un círculo vicioso positivo que abarca a un grupo (quizá una familia, un equipo de trabajo o simplemente una pandilla de amigos) en el que tu sonrisa hace que otros sonrían y se vuelvan más positivos, lo que a su vez, como si se tratara de una bola de nieve, termina transformándose en una sonrisa todavía más grande en tus labios.

❖ Cuando sonríes (de una forma auténtica, no como si estuvieras anunciando un dentífrico), le estás diciendo a la gente que no eres una amenaza, y esto suaviza esa tendencia innata que tenemos los humanos a desconfiar de los otros y nos inclina a mostrarnos más abiertos contigo.

CÓMO

Definitivamente no se trata de que pongas una sonrisa brillante en tu cara en medio de una depresión, de la tristeza, el miedo o la ira. Sonreír en esos momentos sería una falsedad, y probablemente te haría sentir fatal. Pero cuando no te sientes ni demasiado bien ni demasiado mal, o cuando experimentas una sensación de ligero bienestar, poner en tus labios una pequeña sonrisa mientras piensas en todos los motivos que tienes para hacerlo puede elevar de manera natural tu estado de ánimo y ayudarte a actuar con más eficacia.

De manera que en tu interior, o sobre un papel, haz una lista de lo que te hace sonreír. Varias veces al día busca algún momento para recordar esa lista... y para sonreír con naturalidad, sin forzar el gesto.

Y entonces notarás los resultados, en cómo te sientes por dentro, en cómo actúas hacia los demás y en cómo te responden ellos.

Sonreír unas cuantas veces más al día puede que no parezca gran cosa, pero mandará maravillosas ondas a través de tu cerebro, tu cuerpo, tu mente y tus relaciones.

¿Qué te parece? ¿No crees que esto se merece una sonrisa?

20

ENTUSIÁSMATE

Entusiasmo es energía acompañada de una emoción positiva, y está formado por una mezcla explosiva de alegría, pasión y goce. Puede ser suave, pero aun así es capaz de mover la aguja de tu indicador. Te explico: si tuviera dentro una especie de «emocionómetro» para medir mi entusiasmo que fuese del cero al diez, ver las estrellas en una noche clara movería la aguja hasta el dos, mientras que el entusiasmo de ver la final de la World Series con los Giants de San Francisco ganando la competición en 2010 estaría en el diez.

Cuando piensas en el entusiasmo de esta manera, ¿qué es lo que mueve tu aguja aunque solo sea ligeramente? ¿Qué me dices del sonido de unos violines, los primeros pasos de un niño, viajar a un lugar desconocido, terminar un proyecto que ha salido bien, bailar, reír, encontrar algo que estabas buscando en unas rebajas o escuchar una idea estupenda?

Por supuesto que es difícil, si no imposible, sentir esa excitación si estás enfermo o te encuentras mal psicológicamente. La incapacidad de ilusionarse o entusiasmarse es una señal clara de que algo no va bien. Pero en unas condiciones normales, cuando nada consigue entusiasmarnos la vida nos parece gris, aburrida y estancada. La pasión nos ayuda a activar y a mantener la creatividad, el espíritu emprendedor, la acción política y el compromiso en las relaciones. Además, entusiasmarse *juntos* por algo crea un fuerte lazo de unión; el entusiasmo compartido hace que las películas, los conciertos, los actos políticos, la conversación o el sexo sean mucho más enriquecedores.

Conforme te hacías mayor, puede que esa vitalidad natural que tenías al principio sufriera críticas por parte de quienes te rodeaban, que se fuera apagando o que las influencias de tu entorno (o tú mismo) la reprimieran. En particular la pasión forma parte del sexo y las emociones fuertes; si te han hecho avergonzarte de alguna de estas dos cosas, o si han logrado «adormecer» tus instintos, lo mismo le habrá sucedido a tu entusiasmo. ¿Te ha ocurrido a ti algo de esto? Si es así, ir creando poco a poco más espacio para la pasión en tu vida (más espacio para el disfrute, para el ímpetu y la energía) es una manera gozosa de conseguir llegar a expresarte más plenamente.

CÓMO

Encuentra algo que te entusiasme, aunque sea solo ligeramente. Siente cómo lo disfrutas. Intenta ver si puedes intensificar la experiencia inhalando rápidamente para sentir cómo la energía se despierta en tu cuerpo. Eleva el pecho y la cabeza, y deja que a tu semblante le llegue más vida. Fíjate bien en esta sensación de excitación y deja espacio en tu cuerpo para sentirla. Luego, conforme sigues con tu día, sé consciente de todo lo que mueve tu «emocionómetro», particularmente cuando lo hace de una forma sutil. ¡Busca algo que haga latir más deprisa a tu corazón!

Convéncete de que está bien entusiasmarse, excitarse o apasionarse. Defiende tu derecho a sacarle el jugo a la vida. Piensa en lo que te apasionaba cuando eras más joven: ¿qué ha ocurrido con todas esas cosas que tanto te gustaban? ¿Podrías elegir una sola, sacudirle el polvo y volver a apasionarte por ella?

Elige alguna parte de tu vida que se haya vuelto estática, monótona (como cocinar, hacer las tareas domésticas, cuidar de los hijos, incluso el sexo) y busca la forma de infundirle vida. Prueba a hacer otras comidas, pon música, haz cosas extravagantes, baila con tus hijos, atrévete a realizar actividades distintas...

Date cuenta de que quizá le has puesto una sordina a tu entusiasmo, dejando que tu cuerpo se vuelva rígido, que mueran tus sentimientos, o murmurando pensamientos como: «No llames la atención...», «No te entregues tanto a los demás...», «No seas anticuado». A poco que te fijes en esto, irá saliendo a la luz el saboteador que se esconde agazapado en tu mente y ya no podrá seguir haciéndote daño.

Para elevar tu nivel de energía, quizá podrías realizar algunos ejercicios de yoga, artes marciales o cualquier otra forma de entrenamiento físico. Algunas de estas prácticas consisten en realizar múltiples respiraciones profundas (no hasta el punto de marearte), sintiendo la energía en el centro de tu cuerpo, a unos centímetros bajo el ombligo; saltar arriba y abajo unas cuantas veces; emitir sonidos guturales profundos (¡no lo hagas en el trabajo!), o visualizar una luz brillante.

Únete al entusiasmo de otras personas. Céntrate en algo que apasione a un amigo o a tu pareja, y busca todo aquello que puedas encontrar en esa actividad que *a ti* te divierta, te anime o te resulte interesante. No finjas, simplemente concéntrate en lo que eleva tu energía; participa más en la pasión de esa otra persona, que a su vez puede servir de catalizador de la tuya.

No le arruines la fiesta a nadie, ni dejes que nadie te la arruine a ti. Por supuesto, si te encuentras muy acelerado, intenta leer las señales que los demás te mandan: a veces será necesario que o bien te calmes un poco o bien te lleves toda esa energía a otra parte. Pero ten en cuenta que la excitación hace que alguna gente se sienta incómoda (para mantener sus propias pasiones bajo control intenta reprimir las de los demás) y, francamente, ese es su problema, no el tuyo. Con este tipo de personas quizá lo que necesitas es poner distancia por medio, encontrar a otros que compartan tus intereses y seguir viviendo a tu aire.

Piensa que el significado original del entusiasmo, la esencia de la excitación, es bastante profundo: «empujado por algo extraordinario o divino».

Tercera parte

FORTALÉCETE

21

ENCUENTRA TU FUERZA

Para abrirte camino en la vida (para disfrutar de todo lo bueno que ofrece, para evitar desgracias y protegerte a ti mismo y a los tuyos, y de paso encontrar amistad y amor), necesitas fuerza. No te estoy hablando de fuerza en el sentido de sacar pecho y ser arrogante sino de determinación y agallas.

La fuerza tiene muchas formas, entre ellas el aguante, el ser capaz de renunciar a muchas pequeñas cosas para así poder llegar a conseguir las grandes y el control de uno mismo. Por ejemplo, si quieres dirigir una barca hasta el borde de un muelle, no se te ocurra dirigirte hacia él de golpe; así solo conseguirás hacerte daño. En lugar de eso, quédate cerca del muelle, echa un cabo y tira suavemente de él. *La fuerza a veces hay que ejercerla con suavidad.*

Esta fuerza interior no es algo que se tiene o no se tiene. Puedes desarrollarla lo mismo que un músculo.

CÓMO

Para tener fuerza mental es necesario la fuerza física, que a su vez se alimenta de las proteínas que tomamos en las comidas, de las vitaminas y suplementos minerales que consumimos a diario, del ejercicio que realizamos varias veces por semana, de las siete a nueve horas que reservamos para dormir, del uso moderado (o la abstención) de sustancias intoxicantes, y de afrontar y resolver los problemas crónicos de salud, entre ellos los que no parecen tener demasiada importancia. Si no estás haciendo nada de esto, ¿por qué no te propones empezar hoy mismo?

Confecciona una lista de tus puntos fuertes, como la inteligencia, la sinceridad, la capacidad de aguante, tus talentos naturales, el hecho de ser capaz de ver lo bueno de los demás o incluso simplemente de sobrevivir. Escribe las cosas como son: no te limites a criticarte injustamente. Reconocer esas cualidades te ayudará a sentirte más fuerte. Si lo crees apropiado, puedes pedirle a alguien que te diga cuáles son algunos de tus puntos fuertes.

Piensa en algunas de las situaciones en las que empleas esas cualidades, ya sea ganarte la vida, formar una familia, crecer como persona o mejorar el mundo. Dite a ti mismo: «Me conviene ser fuerte. Mi fortaleza me ayuda a conseguir que sucedan cosas positivas. La gente que me aprecia quiere que sea fuerte; si alguien prefiere que sea débil, es que no me quiere de verdad». Date cuenta de cualquier creencia que tengas en el sentido de que ser fuerte es negativo... y vuelve a dirigir tu atención a las buenas razones que tienes para ser fuerte.

Para sentir más tu fuerza, acuérdate de momentos en los que te sentiste fuerte. (En mi caso, muchos de esos momentos tenían que ver con defender a alguien o con actividades físicas como hacer excursiones en plena naturaleza.) ¿Cómo se sentía tu cuerpo entonces? ¿Qué postura tenías? ¿Cuál era tu punto de vista o tu intención en esos momentos? Intenta representar físicamente esa fortaleza: quizá alzando la barbilla, separando las piernas o respirando profundamente. Aprecia esa actitud y esa sensación física de fuerza a fin de que puedas volver a ellas una y otra vez para sentirlas.

Disfruta la sensación de sentirte fuerte, ese placer que recorre tu cuerpo cuando te sientes tranquilo y con valor para afrontarlo todo. Deléitate en la seguridad que te aporta el hecho de ser fuerte, esa sensación de poder. Aprecia cómo esa fuerza te permite cuidar más de los demás, protegerlos y amarlos.

Dite a ti mismo que eres fuerte. Que puedes aguantar, resistir, luchar y superar cualquier cosa. Que eres lo bastante fuerte para ser plenamente consciente de tu experiencia y al mismo tiempo no dejarte agobiar por ella. Que los vientos de la vida pueden soplar e intentar derribarte, pero tú eres un árbol de raíces profundas y los vientos únicamente te harán más fuerte.

Y cuando hayan terminado de soplar, allí estarás, de pie. Ofreciendo sombra y protección, flores y frutos. Fuerte y duradero.

22

ESTATE ATENTO

Como vimos en la introducción, los movimientos de la información a través de tu sistema nervioso (la *actividad mental*, que en su mayoría es inconsciente) pueden crear cambios duraderos en la estructura cerebral: «Las neuronas que se activan juntas quedan conectadas entre sí». En particular, esta reconexión se acelera cuando enfocamos la atención. De hecho, la atención es como la combinación de un potente foco de luz y una aspiradora: ilumina aquello en lo que se centra y luego lo absorbe hasta tu cerebro.

Ya que la atención se encuentra en gran parte bajo el control de la voluntad (puedes dirigirla mediante un esfuerzo consciente), dispones de una herramienta extraordinaria las veinticuatro horas del día para ir esculpiendo gradualmente tu cerebro de una manera positiva. Por desgracia, la mayoría de las personas no controla demasiado su atención: les cuesta mucho trabajo centrarla donde quieren y mantenerla (como ocurre, por ejemplo, en una reunión importante pero aburrida, o en inhalar y exhalar aire una y otra vez) y les cuesta todavía más alejarla de cosas inútiles, como preocuparse sin sentido, rumiar pensamientos negativos sobre uno mismo o ver demasiada televisión. Entre las razones para esto se encuentran el carácter (por ejemplo, ansioso o enérgico), la historia personal (por ejemplo, pérdidas o traumas que te mantienen al borde del abismo) y nuestra cultura, en la que padecemos una sobredosis continua de estimulación que nos hace proclives al trastorno de déficit de atención.

Por suerte, la atención se puede entrenar. Realmente puedes llegar a adquirir un gran dominio de ese foco/aspiradora. Ahí es donde entra en juego lo que últimamente se ha dado en llamar *mindfulness* (o atención plena), que en realidad solo significa ser plenamente consciente de algo. Conforme practiques la atención plena, irás ganando cada vez un mayor control sobre ella.

Puedes estar atento a lo que hay a tu alrededor. Ser consciente, por ejemplo, de los detalles de tu trabajo, de los deseos más íntimos de tu pareja, de esas flores que acaban de florecer, de la risa y los juegos de los niños o de dónde dejaste las llaves del coche. También podrías practicar la atención plena con tu mundo interior: ser consciente del dolor que se esconde bajo tu ira, de tus buenas intenciones y tu corazón puro o de esas expectativas poco realistas que con toda seguridad te depararán una tremenda decepción.

La atención plena tiene muchas ventajas. Nos trae información importante sobre lo que está sucediendo a nuestro alrededor y en nuestro interior; nos ayuda a contemplar nuestras vivencias guardando una cierta distancia y poniendo las cosas en un contexto más amplio; a medida que aumenta tu capacidad para prestar atención, las experiencias negativas cada vez te afectan menos, y la duración e intensidad de aquello a lo que le estás prestando atención tiende a dejar cada vez más huellas en tu cerebro. Con lo cual la práctica de la atención plena te ayuda de forma significativa a absorber las experiencias positivas.

Hasta cierto punto se ha identificado la atención plena con el budismo, pero en todas las religiones del mundo y en todas las grandes corrientes de pensamiento, se le da un gran valor a esta práctica, a vivir despierto en lugar de dormido.

Aparte de esto, la atención plena cada vez se está enseñando más en lugares sin ninguna connotación religiosa, como por ejemplo hospitales, empresas, aulas, el mundo de los deportes o el del entrenamiento militar.

Los estudios muestran que la práctica asidua de la atención plena:

❖ Aumenta el grosor de las capas corticales en las zonas del cerebro que controlan la atención, de manera que te ayudan a volverte más atento (Lazar *et al.* 2005).

❖ Añade conexiones neurales a la ínsula, parte del cerebro que por un lado favorece el autoconocimiento y por otro la empatía con las emociones de los demás (Lazar *et al.* 2005).

❖ Aumenta la activación relativa del córtex prefrontal izquierdo (detrás del lado izquierdo de la frente), que ayuda a controlar y reducir las emociones negativas (Davidson 2004).

❖ Fortalece tu sistema inmunitario (Davidson *et al.* 2003).

❖ Reduce el impacto del dolor y acelera la recuperación posoperatoria (Kabat-Zinn 2003; Kabat-Zinn, Lipworth y Burney 1985).

Increíbles resultados para un método tan sencillo (la atención plena), que puedes usar en privado y con eficacia en cualquier momento y lugar en el que te encuentres.

CÓMO

La práctica de la atención plena es algo natural. Tú ya eres plenamente consciente de muchas cosas en tu vida diaria. El problema es que la mayoría de nosotros solo somos capaces de estar atentos durante unos cuantos segundos cada vez. El truco es tener más «episodios» de atención plena, y alargarlos y profundizarlos cada vez más.

De manera que reserva un minuto o más al día para practicar a conciencia la atención plena, centrándote en un objeto determinado (por ejemplo, la respiración) o abriéndote a todo lo que se mueve a través de tu conciencia. Puedes ir extendiendo estos momentos de atención plena hasta llegar a periodos más largos de meditación, y dejar que tu mente se vuelva cada vez más clara y serena.

Luego, durante la jornada, ve añadiendo otros momentos de atención plena en los que permanezcas presente y abierto a cualquier cosa que esté ocurriendo en tu interior o alrededor de ti. Podrías usar los elementos cotidianos, como la comida, el sonido del teléfono o pasar por una puerta como recordatorios para prestar atención.

Algo que te ayudará a mantener y profundizar esta práctica es llevar una actitud de curiosidad, apertura, aceptación sin juicios e incluso una buena disposición hacia todo aquello de lo que eres consciente. Asimismo, trata de desarrollar en el fondo de tu mente la conciencia de hasta qué punto estás presente, es decir, préstale atención a la atención, para así mejorarla.

Estas prácticas enseñarán a tu cerebro a estar cada vez más atento, más presente, lo cual te brindará muchas recompensas. Porque, tal y como decía William James (considerado el padre de la psicología norteamericana) hace más de un siglo: «En la capacidad de atraer una y otra vez de forma voluntaria hacia un objeto la atención errante se encuentra la raíz misma del juicio, el carácter y la voluntad... Una educación que lograra mejorar esta capacidad sería la educación por excelencia».

23

SÉ PACIENTE

Está bien querer que las cosas sucedan en el momento y la manera adecuados. Pero ¿qué ocurre cuando tienes que permanecer en tu trabajo actual unos cuantos años antes de poder cambiar a uno mejor, cuando quieres hablar con alguien y te hacen esperar una eternidad escuchando el hilo musical, cuando corres al buzón todos los días buscando una carta que llevas un siglo esperando o cuando intentas sentar a un niño que es incapaz de quedarse quieto un segundo en el asiento de un coche? ¿Qué haces en esos casos?

Paciencia significa saber encajar los retrasos, las dificultades o la incomodidad sin tomarse las cosas de forma personal. Las circunstancias son como son, y la paciencia es un escudo que te protege de su impacto.

En contraste, la impaciencia interpreta tus circunstancias como si todo estuviera dirigido a contrariarte o maltratarte, y por eso te sientes frustrado, abandonado o enojado. Y ahí aparece la queja y la insistencia: «¡Esto tiene que cambiar!». Pero por definición eso es imposible de llevar a cabo (empezando porque si fuera posible, no estarías impaciente).

La impaciencia combina los tres ingredientes del estrés tóxico: experiencias desagradables, presión o urgencia y ausencia de control.

La impaciencia con los demás implica crítica y enfado, y la gente cuando se encuentra con esta actitud lo único que quiere es salir corriendo. Solo tienes que acordarte de cómo te sentiste cuando alguien se mostró impaciente contigo. O pensar en cómo reaccionan los demás cuando eres impaciente con ellos.

La impaciencia es insatisfacción, resistencia a la manera en que son las cosas. La paciencia, en cambio, establece que, en esencia, todo está bien tal y como es, es la puerta a la satisfacción. La impaciencia es ira; la paciencia, serenidad. La impaciencia te limita a lo que está «mal», mientras que la paciencia te mantiene abierto de par en par a una perspectiva más amplia en la que todo se relativiza. La impaciencia no puede soportar las sensaciones molestas; la paciencia te ayuda a tolerar la incomodidad física y emocional. La impaciencia quiere obtener una gratificación *enseguida*; la paciencia te ayuda a tolerar que la gratificación se posponga, y esta actitud es una de las bases del éxito y del sentido de la valía personal.

La paciencia puede parecer una virtud superficial, pero en realidad representa una profunda comprensión de la naturaleza de las cosas: todo está entremezclado, es imperfecto y, por lo general, tiene poco o nada que ver contigo. La paciencia también contiene una maravillosa enseñanza sobre el deseo: es bueno desear algo, por supuesto, pero no hagas depender tu paz interior de conseguirlo o no conseguirlo. La paciencia sabe que no puedes hacer que el río corra más deprisa.

CÓMO

Para hacer un repaso, reflexiona sobre las siguientes preguntas:

* ¿Qué sensación te transmite la paciencia? ¿Y la impaciencia?
* ¿Qué sientes hacia una persona cuando es realmente paciente? ¿Y cuando es realmente impaciente?
* ¿Qué te hace ser impaciente?
* ¿Qué te ayuda a ser paciente?

En situaciones problemáticas:

* Intenta tomar distancia de los pensamientos que te provocan impaciencia, como creer que siempre llevas razón o pensar que eres superior de alguna manera a los demás, o la insistencia en un determinado resultado. Recuerda que los estándares difieren de persona a persona y también entre las distintas culturas. Recuérdate a ti mismo que (en la gran mayoría de las ocasiones) las cosas no son de verdad tan urgentes.
* Sé consciente de las sensaciones corporales y de las emociones que te provocan los retrasos o las frustraciones y mira si puedes tolerarlos sin reaccionar con impaciencia. Relaja tu cuerpo, entra en el momento presente y ábrete plenamente a la sensación de que ahora mismo estás bien.
* En lugar de sentir que estás perdiendo el tiempo, encuentra algo que pueda compensarte en las situaciones

que ponen a prueba tu paciencia; por ejemplo, mira a tu alrededor y encuentra algo hermoso en lo que fijar la vista. Presta atención a tu respiración mientras relajas tu cuerpo y deséales el bien a los demás. Y del mismo modo, en lugar de verte como «en espera» en algunas situaciones, explora la sensación de «estar» en ellas. Disfruta esos momentos.

❖ Trata de ser más comprensivo con aquellos que «te estorban» o que «tardan demasiado». Por ejemplo, me molesta la gente que se para en la calle justo delante de las puertas, pero últimamente he llegado a la conclusión de que no tienen la menor idea de que están obstruyendo el paso.

❖ Juega con las situaciones cotidianas y rutinarias (como por ejemplo las comidas) y tómate unos cuantos segundos o minutos extra antes de empezar, para así fortalecer los «músculos» de tu paciencia.

❖ Ofrece la paciencia como un regalo para los demás, a la hora de enfrentarse con sus propios asuntos, y para ti mismo, en tu búsqueda de la felicidad. La vida es un enorme paisaje en el que crecen la suave hierba y las espinas; la paciencia te proporciona el calzado para no herirte.

24

DISFRUTA LA HUMILDAD

Alguien podría pensar que ser humilde significa ser menos que el resto, una alfombra que pisan los demás, una persona anulada o de segunda clase.

Pero en realidad no es nada de esto. La humildad solo significa que te olvidas de una vez por todas de demostrar que vales más que nadie. No estás intentando inflar tu ego, impresionar o competir con otros para lograr un estatus superior. Significa que dejas de estar centrado en ti mismo. ¡Qué inmenso alivio!

La palabra «humilde» viene del latín *humus*, que indica la tierra bajo nuestros pies. Con humildad, vuelves a estar en contacto con la tierra, con la realidad, y aprendes de ella a ser sólido, sin pretensiones, a aportar valor con naturalidad y sencillez, sin necesidad de darle mucha importancia.

Humildad no es lo mismo que humillación. De hecho, una actitud relajada de humildad crea seguridad: sabes que tus intenciones son honestas y crees que probablemente los demás te ayudarán a ponerlas en práctica.

En las relaciones la humildad crea comodidad y tranquilidad. Es como una mano abierta, vacía de las armas de la superioridad, la ironía o el autobombo. Eres receptivo a los demás, piensas que no tienes la posesión de la verdad absoluta; por lo tanto no sueles criticarlos ni ponerte a la defensiva o competir con ellos. Al no buscar su aprobación, te haces más consciente de tu valor natural y también es más fácil que los demás se den cuenta de él: cuanto menos te centras en que te aprecien, más apreciación consigues.

La humildad encarna la sabiduría, que reconoce que todas las personas, y entre ellas las más grandes, tienen que ser humildes porque su existencia misma depende de una red inmensa (formada por gente, tecnología, cultura, naturaleza, luz solar y bioquímica) sin la cual no podrían vivir ni un solo día. La fama se olvida enseguida. Al final todo lo que somos es un poco de polvo. La humildad te ayuda a aceptar esta realidad.

CÓMO

Una humildad saludable hunde sus raíces en una autoestima saludable. Ser humilde no significa sentirse incapaz o inadecuado. Si alguna vez has tenido problemas para reconocer tu propia valía (como era mi caso), sigue los pasos necesarios para hacerte más consciente de tus buenas cualidades usando las prácticas de *apreciar lo bueno* y *ver lo bueno que hay en ti* (capítulos 2 y 5). Date cuenta de cualquier dificultad a la hora de reconocer tu valor que estés intentando compensar con una actitud exagerada de confianza en ti mismo o a base de exagerar tus logros, o incluso de sentirte superior a los demás.

Ser humilde no significa tolerar que te traten mal. Defiéndete y haz todo lo que esté en tu mano para proteger tus derechos. Saber que te encuentras preparado para ponerte en tu sitio cuando la ocasión lo requiera te ayudará a relajar la guardia y asumir una postura desarmada de humildad.

Una persona humilde desea el bien de todos los seres, entre ellos el suyo propio. Puedes seguir *soñando a lo grande* (capítulo 40) y trabajar para llevar a cabo tus sueños. Con humildad buscarás no la fama, sino hacer las cosas cada vez mejor, por el mero placer de hacerlas.

Sé sincero contigo mismo acerca de las maneras en que *no* eres humilde, los momentos en que has sido arrogante, pretencioso, o has exagerado tus virtudes o logros, o te has atribuido derechos que no te correspondían. En concreto intenta ser consciente de cualquier asomo de arrogancia en tus relaciones, como creerte mejor que los demás, darte una importancia excesiva, menospreciar (aunque sea de una forma muy sutil) a otros o, claramente, despreciarlos. En lugar de esta actitud, fluye con los demás: sé modesto, no trates siempre de ganar o tener razón, no interrumpas y no te des más importancia ni te atribuyas más mérito del que te corresponde.

En tu cerebro, los murmullos de preocupación sobre tu propia persona («Lo que dije estuvo genial, los dejé con la boca abierta... Espero que todos se dieran cuenta... Ojalá que de vez en cuando apreciaran lo que valgo y se atrevieran a decírmelo... Quiero ser alguien especial») se localizan en la mitad de la parte superior del córtex y existe una intrincada

solo Una cosa

red de circuitos que les sirven de apoyo. Cuando sales de ese torbellino egocéntrico y te limitas a estar presente con cualquier cosa que esté sucediendo en tu vida en esos momentos, sin hacer de ello una historia sobre ti mismo, afloran otros circuitos neuronales, en ambos lados (especialmente en el derecho) de tu cabeza (Farb *et al.* 2007). Puedes estimular estos circuitos y de esa manera fortalecer algunos de los sustratos neuronales de la humildad haciendo lo siguiente:

❖ Intenta ver las cosas desde una perspectiva más amplia, formarte una panorámica de la situación y del papel que juegas en ella.

❖ Siente tu respiración como un todo unificado, con todas las sensaciones que te produce apareciendo en tu conciencia como una sola unidad (en lugar de la atención saltando de fase en fase y sensación en sensación, que es a lo que estamos acostumbrados).

Reflexiona sobre la humildad a una escala más amplia. Por ejemplo, nota cualquier tipo de creencias que tengas acerca de política, nacionalidad o espiritualidad que te hagan sentirte superior a otras personas. Piensa también desde la perspectiva de la humildad en la forma en que consumes los recursos del planeta. ¿Te gustaría hacer algún cambio al respecto?

Sé consciente de las recompensas que la humildad les brinda a todos los aspectos de tu vida. Disfrútala porque contribuye a hacerte más llevadero el día a día, te evita conflictos con los demás y te aporta paz.

25

VE MÁS DESPACIO

Cuando hago terapia con un niño que está aprendiendo a tener más autocontrol, a veces le pregunto si le gustaría montar en una bicicleta sin frenos. La respuesta (incluso en los más atrevidos) es siempre no. Entienden que dar una vuelta en una bici sin frenos significa o bien aburrirse o bien chocar contra algo; parece una paradoja pero es precisamente el hecho de tener frenos lo que te permite ir más rápido y pasártelo mejor.

En la vida sucede lo mismo. Tanto si te enfrentas a críticas en el trabajo como a una pareja que se siente herida, a un fuerte deseo de atacar a alguien verbalmente o a la tentación de conseguir una gratificación inmediata que luego va a pesarte, tienes que ser capaz de detenerte un momento, de frenar. De lo contrario lo más normal es que te estrelles de una u otra manera.

Tu cerebro funciona gracias a una combinación de excitación e inhibición: acelerador y frenos. Solo el diez por ciento de sus neuronas tiene un carácter inhibidor, pero sin su vital influencia tu cerebro se colapsaría. Por ejemplo, las neuronas individuales mueren cuando son sometidas a un exceso de estimulación y los infartos se producen en medio de bucles descontrolados de excitación.

En la vida diaria saber detenerte te regala el don del tiempo. Tiempo para dejar que los demás acaben lo que están diciendo sin sentirse interrumpidos. Tiempo para que puedas darte cuenta de lo que de verdad está ocurriendo, calmarte y centrarte, establecer tus prioridades y dar una respuesta adecuada. Tiempo para enfriar con la razón el calor de las emociones más ardientes y permitir que se suavicen tus posturas cuando son demasiado rígidas. Tiempo para que la mejor parte de tu naturaleza tome las riendas de tu mente.

CÓMO

Date permiso para *no* actuar. A veces estamos tan atrapados en nuestra obsesión por realizar actividades constantemente que esto se convierte en un hábito. Permítete a ti mismo *ser* (en lugar de hacer) de vez en cuando.

Unas cuantas veces al día detente unos segundos y sintoniza con lo que está sucediendo en tu vida, sobre todo bajo la superficie. Usa esta pausa para hacerle sitio a tu experiencia, como si airearas un armario cerrado durante mucho tiempo. Ponte al día contigo mismo.

Antes de empezar tu rutina diaria, tómate un momento para estar completamente presente. Prueba a hacer esto en las comidas, cuando pones en marcha el coche, al cepillarte los dientes, al darte una ducha o al responder al teléfono.

Cuando alguien termine de decirte algo, tómate un tiempo para responderle, no hables enseguida. Deja que el peso de las palabras de la otra persona (y, lo que es más importante, los deseos y necesidades que subyacen tras esas palabras) se asienten. Nota cómo hacer esta pausa te afecta y cómo afecta a la manera en que te responde la otra persona.

Si la interacción es delicada o se está volviendo demasiado acalorada, trata de bajar el ritmo, de hacerla más pausada. Puedes hacerlo por tu cuenta aunque el otro continúe alterado y hablando como una ametralladora. Por ejemplo, podrías, sin tratar de causar más tensión, guardar silencio durante unos cuantos segundos antes de contestar o hablar de forma más pausada.

También puede ser que necesites interrumpir por completo la comunicación. Podrías sugerir que habléis más tarde, que os toméis unos momentos para reflexionar o (como último recurso) decirle a la otra persona que por ahora ya no tienes más que decir y que le vas a colgar. En la mayoría de las relaciones no hace falta que te den permiso para terminar una conversación. Ten presente que interrumpir una conversación, que puede haber derivado en discusión, es una táctica que tendrá más posibilidades de dar buen resultado si cuando lo haces propones otro momento para volver a charlar.

Antes de hacer algo de lo que podrías arrepentirte luego (como emborracharte o tomar drogas, hacer una compra carísima con tu tarjeta de crédito, enviar un correo electrónico insultante o soltar pestes sobre una persona a alguien que es amigo suyo), detente y piensa en las consecuencias. Intenta imaginártelas vivamente, con pelos y señales. Y luego decide.

Por último, tómate unos minutos cada día para hacer una pausa total en tus actividades. Tan solo déjate caer en el sillón, centrándote únicamente en tu cuerpo relajado y en tu respiración. Deja que los pensamientos y tus sentimientos entren y salgan libremente de tu conciencia; no vayas detrás de ellos. No tienes que ir a ningún sitio, no has de hacer nada, no necesitas ser nadie. Descansa durante unos momentos de hacer y céntrate en ser.

26

COMPRENDE

Y con esto me refiero a comprenderte a ti mismo, en particular a darte cuenta de cómo tu mente crea tus reacciones ante aquello que te sucede.

Digamos que acabo de venir a casa después de un duro día de trabajo, y mi esposa me da un abrazo y luego, como de pasada, me dice: «Por cierto, ¿compraste los huevos?» (que era algo de lo que ni siquiera habíamos hablado; yo no sabía que hacía falta comprarlos). Me enfado, siento una gran tensión en el cuerpo y cierta tristeza. ¿Qué es lo que ha ocurrido aquí?

Esa pregunta, totalmente neutral, que en sí no tiene ninguna mala intención (el estímulo) ha provocado una reacción de enojo, tensión y tristeza. Y esto es debido a varios factores que están en juego en mi mente: el estrés, la reacción ante una posible crítica —que me he olvidado de comprar los huevos—, que tiene su origen en haber sido educado por una madre que, aunque era muy cariñosa, parecía estar siempre buscándome faltas, y la sensación de culpabilidad que tengo por no ayudar lo bastante en las tareas domésticas. Si estos factores desaparecieran, también desaparecería mi malestar.

Recuerda alguna situación que te haya resultado medianamente irritante o te haya causado cierta ansiedad: ¿cuáles fueron tus reacciones, y por qué reaccionaste de esa manera? Ten en cuenta el estrés, el cansancio, tu forma de ser. Y también cómo interpretas ciertos incidentes, la historia de tu relación con las otras personas que tuvieron que ver con ellos y tu infancia.

Al igual que el resto de los seres humanos, tus reacciones vienen de *causas* que se encuentran dentro de tu mente. Por tanto, si puedes cambiar las causas, también puedes cambiar tus reacciones y mejorarlas:

❖ Ver en el momento cómo tu mente ha coloreado tus percepciones y recargado tus emociones puede transformar la manera en que reaccionas. Y a veces lo hace de un modo instantáneo y radical, como si de pronto te despertaras de una pesadilla.

❖ Con el tiempo puedes alterar y mejorar gradualmente los factores mentales que afectan a tu bienestar, relaciones y eficacia.

CÓMO

Empieza por cambiar el foco de tu atención de las causas externas de tus reacciones (lo que te ha dicho alguien) a las internas, las que están dentro de tu propia mente, como la forma en que interpretas lo que te han dicho, la intención que le atribuyes a esa persona al decírtelo o las experiencias que has tenido hasta ahora con ella, que te hacen sentirte particularmente vulnerable.

La mente es como una mansión enorme, con habitaciones acogedoras, armarios polvorientos y sótanos húmedos. Para entenderla hay que explorarla, abrir las puertas cerradas y buscarle una explicación a lo que encuentras: a veces es el cofre del tesoro, a veces unos zapatos viejos que apestan. La buena noticia es que por lo general se trata de un tesoro, un tesoro en el que se encuentran, entre otras muchas cualidades, tu bondad natural, la sinceridad de tus esfuerzos, tu amabilidad y tu cariño.

Aun así da miedo mirar (sobre todo en esos oscuros sótanos). Quizá estas sugerencias puedan ayudarte a hacerlo:

❖ Recuerda los beneficios de llegar a entenderla. Por ejemplo, soy muy independiente; por eso me recuerdo a mí mismo que las principales fuerzas que me controlan se encuentran dentro de mi cabeza (las creencias que arrastro desde la infancia, entre otras cosas). Entenderlas disminuye el poder que tienen sobre mí.

❖ Trae a tu mente la sensación de estar con alguien que te quiere, como un amigo caminando a tu lado por una calle oscura. Como dicen en Alcohólicos Anónimos: «La mente es un barrio peligroso; no entres en ella solo».

❖ Contempla lo que encuentres en tu interior sin calificarlo como positivo o negativo. No eres tú. Es solo una sensación, un sentimiento, un pensamiento o un deseo que se despierta en una habitación de tu mente. Intenta aceptar en lugar de ser autocrítico, mostrar compasión en lugar de avergonzarte. Todas las personas, y entre ellas yo, tenemos cosas raras en la mente: ¡es una auténtica jungla!

Aprovechando los recursos que acabas de ver, échale un vistazo a tu mente. Ahora atrévete a palparla por debajo de su superficie y hazte a ti mismo alguna (o algunas) de las siguientes preguntas:

❖ ¿Cuál es la parte más tierna (como una herida, como la tristeza, como el miedo) que se encuentra bajo la dureza de esa capa protectora de ira o justificación?

❖ ¿Qué es lo que de verdad quiero en el fondo de mi ser? ¿Cuáles son los buenos deseos que subyacen bajo los comportamientos negativos? Por poner un ejemplo, en la raíz de la preocupación y la ansiedad hay un deseo saludable de seguridad.

❖ ¿Qué material de todo lo que hay aquí viene de cuando era más joven? Por ejemplo, como cuando estaba en la escuela con frecuencia me excluían de los grupos, todavía sigo sintiéndome a veces un marginado en cualquier grupo, aun cuando en realidad no sea así.

❖ ¿Qué es lo que me bloquea? Por ejemplo, me he quedado estancado en una posición, en una meta o incluso en una palabra. ¿Qué es lo que estoy intentando controlar que no es controlable? Por ejemplo, que alguien me ame.

❖ ¿De qué manera influye mi sexo a la hora de formar mis relaciones? ¿O de qué manera influyen mi temperamento, cultura, raza o personalidad?

Puedes usar estos métodos sobre la marcha cuando surja algún problema para llegar a entenderlo. Y puedes usarlos también para explorar un asunto determinado, como tu sensibilidad ante las críticas, tu necesidad de aprobación, la tensión con tus padres o los esfuerzos para disfrutar de una buena relación.

Cualquier cosa que encuentres, intenta relajarte y aceptarlo. Sea útil o no, en el fondo tan solo se trata de un mueble más en la mansión de tu mente.

27

USA LA VOLUNTAD

En la vida nos encontramos con desafíos. Para enfrentarte a ellos tienes que ser capaz de seguir luchando a pesar de las dificultades, pedir ayuda, mantener a raya los deseos que pueden traerte problemas y, al mismo tiempo, hacer todo lo posible por llevar a cabo los que valen la pena, y hacer lo que debes hacer por duro que sea.

Y todo esto significa usar la voluntad.

Solemos identificar voluntad con fuerza de voluntad, que es la aplicación consciente de un gran esfuerzo, como cuando estás en un gimnasio y consigues levantar una vez más las pesas aunque ya estás agotado.

Pero la voluntad es algo mucho más amplio: tiene más que ver con el *compromiso* que con el esfuerzo en sí, como cuando una madre se consagra al cuidado de su familia. La voluntad consiste en entregarte a tus propósitos más elevados, que a su vez te elevan y te arrastran. La sensación que tenemos al ejercer este tipo de voluntad es la de dejarnos llevar por la inspiración, más que la de seguir avanzando por pura terquedad. Tiene más que ver con la entrega que con el empuje.

CÓMO

¿Qué es lo que realmente significa convertir a tus propósitos más elevados en el motor de tu vida? Como marco de referencia para la respuesta, me gustaría traer a colación las cuatro adjetivos que identifican a una persona con una gran dedicación. Estos adjetivos fueron enunciados por Buda y en mi vida han tenido un enorme impacto: *ardiente, resoluta, diligente y atenta*. Piensa en cómo te podría ayudar cada uno de ellos a ser más voluntarioso en alguna de las áreas clave de tu vida, como por ejemplo ser más valiente en las relaciones íntimas, terminar tu educación, hacer la parte del trabajo doméstico que te corresponde o seguir una dieta.

Ardiente (que viene de la palabra «ardor») significa cálido, entusiasta. No seco, mecánico o meramente pertinaz. Por ejemplo, ¿por qué te preocupa lo que sucede en este aspecto de tu vida, por qué te *importa*? Pon todo tu corazón en ello, apasiónate con tus metas y actividades.

Resoluto quiere decir que te has comprometido por completo y no hay ninguna duda en tu mente. Acuérdate de cualquier experiencia en la que hayas mostrado una determinación absoluta, como aquella vez que protegiste a alguien a quien querías. Puede que sientas una sensación de fuerza en el pecho, una sensación que se podría aplicar a alguna parte determinada de tu vida. Visualízate a ti mismo mostrando decisión ante algo que te está tentando (por ejemplo, rechazando una copa que te ofrecen en una reunión) y absorbe la sensación tan agradable que experimentas al hacerlo. Contacta con esa resolución todas las mañanas, ríndete a ella y deja que te guíe durante el día.

Diligente significa que eres consciente y directo. Que no haces las cosas a regañadientes, ni por un sentimiento de culpabilidad o de forma compulsiva, sino porque (como en la raíz latina de la palabra que significa «diligencia») «te encanta», «te deleitas en» avanzar paso a paso hacia tus propósitos más elevados. Aquí es donde con frecuencia el ardor y la resolución fracasan por eso, para ayudarte:

❖ Recuerda siempre las razones de tus esfuerzos; ábrete e intenta sentir las recompensas, como saber que estás haciéndolo lo mejor que puedes al servicio de una buena causa y que te mereces lo que se suele llamar «la dicha de los inocentes».

❖ Transforma los grandes propósitos en pequeñas acciones que puedas realizar diariamente. No dejes que te abrumen.

❖ Encuentra las estructuras, procesos y aliados que te ayudarán a seguir adelante.

❖ Dite a ti mismo la verdad de lo que está sucediendo. ¿Estás haciendo lo que te habías propuesto? Si no es así, admítelo. Y empieza una vez más: comprométete por completo con una meta, averigua lo que necesitas hacer y hazlo.

Atento indica que sabes si estás siendo voluntarioso o apático, si estás haciendo las cosas porque quieres o por algún otro motivo. Eres consciente de tu mundo interior, de los factores mentales que bloquean tu voluntad (por ejemplo, el hecho de dudar de ti mismo, la apatía o la distracción) y de aquellos otros que la alimentan (como el entusiasmo, la

fuerza, las agallas o la tenacidad). Sabes si te has vuelto voluntarioso en exceso, atrapado por propósitos que han perdido
su vigencia o que no valen la pena el esfuerzo. Eres capaz de
efectuar las correcciones pertinentes para mantener la cohe-
rencia con tus propósitos más elevados.

Por último, *disfruta* tu voluntad. Ejercitarla puede convertirse en algo gris si te descuidas. Pero en realidad una persona puede ser despreocupada y a la vez tener una voluntad
muy fuerte. Deléitate con la fuerza de tu voluntad y los frutos
que te brinda.

28

REFÚGIATE

Una vez, cuando mi esposa, Jan, y yo estuvimos en Hawai, visitamos un refugio. Durante la guerra la gente acudía allí para protegerse. Los refugios han existido siempre y en todas las partes del mundo; por ejemplo, en Europa, en la Edad Media (y en tiempos más recientes) una persona podía tomar refugio en la iglesia y una vez dentro era intocable.

De una manera no tan dramática, todos necesitamos a diario refugios en los que protegernos de los problemas, las tristezas y la locura que existe en el mundo. De no ser así estaríamos demasiado expuestos a los fríos vientos de la vida y demasiado desgastados por la rutina de lo cotidiano. Sin refugio es fácil sentirse como si te faltara el aliento.

Existen muchas clases de refugios, entre ellos personas, lugares, recuerdos e ideas: cualquiera o cualquier cosa que te proporcione un cobijo seguro y protección, que te tranquilice, te reconforte y te ayude, para que puedas bajar la guardia y reunir toda tu fuerza y sabiduría.

Un refugio puede ser algo tan simple como acurrucarte en la cama con un buen libro, comer con unos amigos o escribir una lista de tareas por hacer para organizar la jornada. O bien dedicar unos momentos a recordar a tu abuelo, sentir la fuerza que hay en tu cuerpo, creer en los descubrimientos de la ciencia, hablar con una buena amiga o consejera, tener fe o recordarte a ti mismo que aunque no seas rico tienes bastante para vivir.

Las religiones del mundo también son refugios que pueden hablarte, como los lugares sagrados, los textos, las personas, las enseñanzas, los rituales, los objetos y las congregaciones.

Personalmente uno de mis refugios favoritos es la práctica en sí misma: el tema de este libro. Me hace sentir bien creer que si sigo esforzándome, seré cada día más feliz y tendré más amor para dar.

¿Qué es para ti un refugio?

CÓMO

Haz una lista escrita o mental de unas cuantas cosas que sean refugios para ti. Y si puedes, tómate unos momentos cada día para refugiarte conscientemente en ellas. Puedes «refugiarte» de varias formas:

- ❖ Ir a un refugio.
- ❖ Venir de un refugio.
- ❖ Habitar en un refugio.
- ❖ Sentir que hay un refugio en tu vida que siempre está disponible.

Para mí ha supuesto un increíble avance imaginar que el refugio que necesito existe dentro de mí, que puedo vivir mi vida *desde* él, sintiéndome protegido. Cuando tomas refugio de esta manera, lo que haces es rendirte a fuerzas superiores, dejar que funcionen a través de ti y te lleven.

Puedes tomar refugio de manera explícita, con palabras, pronunciando en tu mente frases como: «Me refugio en..............», «Habito en................» o «................ fluye a través de mí».

O simplemente sentir el refugio, sin palabras: experimentar a tu manera la sensación de que te encuentras en él, seguro y respaldado, *en casa*.

Después de esto, repasa mentalmente cada uno de tus refugios y de tus maneras de refugiarte. Hazlo todos los días, en el momento mismo en que te venga a la mente. Solo tardarás unos pocos minutos, incluso menos. Y puedes hacerlo en mitad del tráfico o en una reunión.

Tras refugiarte, siente cómo las buenas sensaciones y los buenos pensamientos se van asentando en tu interior, llenándote y haciéndose parte de ti: una fuerza y una luz internas que te acompañarán dondequiera que vayas.

29

ATRÉVETE A VIVIR LO QUE TE DA MIEDO

En tu infancia, cuando viviste determinadas experiencias (o cuando viste cómo las vivían otros), sin darte cuenta te formaste unas expectativas acerca de lo que probablemente ibas a sentir en el futuro en situaciones parecidas. Basándote en estas expectativas desarrollaste tus reacciones: haz *esto* para conseguir placer, haz *eso* para evitar el dolor. Después las experiencias de tu edad adulta añadieron otras expectativas y reacciones relacionadas con ellas.

Como consecuencia de esto se repite dentro de ti, y de mí, y de todo el mundo, el siguiente proceso, con frecuencia en unos pocos segundos y de forma inconsciente:

1. Un sentimiento o deseo emerge en tu mente buscando expresarse.
2. Esto activa una expectativa asociada de dolor emocional (que puede ir desde una ligera incomodidad hasta un verdadero trauma) si el sentimiento o deseo se expresa; este dolor es lo que llamamos la «experiencia temida».

3. Esta expectativa pone en marcha una inhibición del sentimiento o deseo original para evitar arriesgarse a pasar por esa experiencia.

Por ejemplo, (1) te gustaría que alguien te mostrara más cariño, pero (2) tu infancia te ha hecho volverte muy precavido a la hora de revelar tus deseos más íntimos y vulnerables; por eso (3) decides no arriesgar y, por tanto, no pedírselo.

Tómate unos momentos para descubrir una o más formas en las que esta secuencia –(1) una expresión emergente de tus deseos te lleva a (2) una expectativa asociada, que te conduce a (3) una respuesta inhibidora– se desarrolla en tu mente. Aquí hay algunos ejemplos:

❖ (1) Quieres acercarte (emocional o físicamente) a alguien, pero (2) acercarte te expone al riesgo de sufrir un rechazo; por eso (3) haces algo para tomar distancia.

❖ (1) Surge una sensación (por ejemplo, tristeza o ira), pero (2) expresar este sentimiento (o cualquier otro) fue algo por lo que te avergonzaron en tu infancia; por eso (3) cambias de tema, haces un chiste o encuentras otra manera de alejarte de esa emoción.

❖ (1) Surge en ti un deseo de hacer algo (por ejemplo, conseguir un nuevo objetivo en el trabajo, escribir una canción o plantar un jardín), pero (2) sientes miedo a no tener éxito, a que nadie te apoye, a que se rían de ti o a que se te opongan si sobresales; por tanto, (3) dejas a un lado tu sueño, una vez más.

A veces la secuencia es razonable. Por ejemplo, (1) el deseo de mandar a tu jefe a tomar viento (2) provoca una expectativa del tremendo lío en el que te vas a meter si lo haces (3); por tanto, te callas.

Pero si eres como yo, y como la mayoría de las personas, tus expectativas de sufrimiento son con mucha frecuencia totalmente irracionales. La tendencia negativa del cerebro hace que sobrestimes, por un lado, la probabilidad de unas malas consecuencias si expresas lo que sientes, y por otro, la intensidad del dolor que sentirás si realmente sucede algo negativo. Es más, tus expectativas más profundas acerca de lo que ocurrirá cuando te expreses se formaron cuando eras un niño, y por lo tanto es normal que:

* Sean concretas, simplistas y rígidas, por más que ahora puedas pensar de una forma más abstracta, compleja y flexible.
* Estén basadas en un tiempo en el que (a) vivías con cierta gente de la que no podías separarte (por ejemplo, miembros de tu familia, compañeros de colegio), (b) tenías pocos recursos y (c) sentías el dolor intensamente, aunque ahora tengas (a) mucha mayor capacidad de elección en tus relaciones; (b) más asertividad, dinero y otros recursos, y (c) una mayor capacidad de soportar el dolor.

Estas expectativas irracionales producen reacciones que, sin necesidad alguna, nos limitan y nos hacen daño: nos vamos quedando entumecidos por dentro, amordazados, nos mantenemos a distancia sin arriesgar en las relaciones y reducimos nuestros sueños. Las experiencias que tanto tememos nos cercan como territorios prohibidos que rodean un pequeño prado cada vez más encogido, controlándonos, diciéndonos: «No te arriesgues, acomódate». Y la mayor parte del tiempo estamos sufriendo las consecuencias sin ni siquiera ser plenamente conscientes de ello.

¿Cuál es la alternativa?

La alternativa es arriesgarse a pasar por esa experiencia que queremos evitar a toda costa y recoger las recompensas de hacerlo. Por ejemplo:

❖ (1) Deseas algo de tu pareja, pero (2) te pone nervioso pensar en decírselo; sin embargo, sabes que lo más seguro es que lo que vas a decir sea bien recibido y aun en el caso de que no lo sea vas a estar bien; por eso (3) decides hablar claro y arriesgarte a sentirte un poco decepcionado. Al final, tras algunos titubeos, lo haces y obtienes un estupendo resultado.

❖ (1) No sientes que tu jefe aprecie de verdad tu capacidad, pero (2) te recuerda a tu padre, que era muy crítico y te atemorizan esas viejas sensaciones de sentirte herido y con la autoestima por los suelos que podrías volver a sentir si te atreves a pedirle que te ofrezca tareas un poco más difíciles (y más interesantes). De manera que lo planeas todo cuidadosamente y al final eliges un proyecto en el que lo más probable es que te apoye, y traes a tu mente, una y otra vez, experiencias positivas de verte y sentirte valorado por los demás, para ayudarte en el caso de que tu jefe rechace tu propuesta. (3) Tras haber hecho tu tarea, te diriges a tu jefe con fuerza y claridad, lo cual incrementa tus posibilidades de éxito.

❖ (1) Quieres empezar un negocio. (2) Aunque te preocupa que se rían de ti si fracasas, te recuerdas a ti mismo que la mayoría de la gente respeta a aquellos que se atreven a sobresalir y tienen espíritu emprendedor. (3) Emprendes tu negocio y lo pones todo de tu parte; independientemente de cuál sea el resultado, lo aceptarás.

CÓMO

Empieza por *observar* cómo se produce esta secuencia en tu mente: (1) expresión de tus deseos, (2) expectativas de dolor y (3) inhibición. Este es el paso más importante (y por eso la explicación ha sido ligeramente más larga de lo habitual). Con frecuencia lo verás en retrospectiva, cuando vuelves a repetir una reacción que has tenido ante una situación (3) y te das cuenta de que su *función* era evitar que expresaras tu deseo. En el fondo muchas de nuestras reacciones son estrategias (con frecuencia inconscientes) para evitar una experiencia a la que tenemos miedo.

Acto seguido, desafía tus expectativas. ¿De verdad son ciertas? Tienes que ayudarte a ti mismo a comprender el hecho de que expresar tus emociones y tus deseos (de una manera razonable) con frecuencia trae buenos resultados. Háblate como si fueras un entrenador de natación, sabio y firme, que te da ánimos para zambullirte por vez primera en la piscina diciéndote cosas como: «Mucha gente lo ha hecho, y todos han salido perfectamente. Lo mismo va a pasar contigo. Tienes la capacidad necesaria para lograrlo. Sí, al principio no será perfecto y a lo mejor te sientes un poco incómodo, pero al final todo saldrá bien. Yo creo en ti. Eso es lo único que tienes que hacer: creer en ti».

Después de esto, sal de tu zona de confort, *tomando riesgos calculados*. Empieza con situaciones fáciles con pocas posibilidades de que expresarte dé lugar a un resultado negativo, situaciones en las que incluso si hubiera alguna mala consecuencia no pasaría de una ligera molestia sin importancia. A partir de ahí, ve subiendo peldaños, arriesgándote a ser cada vez más vulnerable conforme te vas expresando más. Al hacer esto sentirás cómo en tu corazón va creciendo una sensación maravillosa de libertad; te sientes menos intimidado por las experiencias que te daban tanto miedo y no estás cortándote las alas para evitarlas.

Si exponer tus sentimientos o tus deseos te lleva a un resultado doloroso, date cuenta de que puedes sobrellevar ese dolor y de que pronto tendrá fin, y absorbe las lecciones razonables que te ha proporcionado la experiencia (por ejemplo, no es sabio confiar en cierta persona). En general, podrías decidir que vale la pena sufrir un poco en determinadas ocasiones para seguir experimentando el placer de expresarte de una manera más auténtica.

Por último, sé consciente de esas veces en que te arriesgas a decir lo que piensas y el resultado es positivo (como suele suceder). Graba en tu mente esas ocasiones en que las expectativas más pesimistas no se hacen realidad, o cuando ocurre aquello que temías que pudiera ocurrir pero los resultados no son tan terribles como esperabas. Aprecia la satisfacción de expresarte y deja que ese sentimiento te inunde. Siente el saludable orgullo y respeto por ti mismo que te has ganado al ser lo bastante valiente para atreverte.

30

DESAPÉGATE

Vivir es perseguir metas. Si tienes amor propio, es natural y razonable que busques seguridad, salud física y mental, conexión, respeto, amor, éxito, comodidad, diversión, que quieras realizarte, expresar tu creatividad y desarrollarte espiritualmente.

La cuestión es si persigues estas metas con estrés e impulsividad (en una palabra, con *apego*) o simplemente con esfuerzo y paz interior, sintiendo que la recompensa está en el viaje en sí, no importa si se llega o no al destino: con *aspiración*.

La diferencia entre apego y aspiración me quedó muy clara una vez que estuve en Boulder, Colorado, con mi viejo amigo Bob, para pasar una semana escalando montañas. Nuestro guía, Dave, nos preguntó cuáles eran nuestras metas, y yo le dije que quería escalar 5.11 (que es verdaderamente duro) para el final de la semana; en ese punto apenas podía llegar a 5.8. Mi amigo se me quedó mirando y me dijo que era una locura, que lo único que iba a conseguir era sentirme frustrado y decepcionado (Bob es una persona muy tenaz y no le gusta quedarse corto). Le dije que no, que para mí sería una victoria tanto si lo conseguía como si no. Mi meta era tan ambiciosa que si fallaba no tenía por qué avergonzarme, y si de alguna manera me las apañaba para alcanzarla, ¡eso sí que sería una maravilla! De manera que seguí intentándolo, mejorando poco a poco: 5.8, 5.9, un ligero 5.10, un 5.10 más difícil... y así hasta el último día, en el que seguí a Dave sin ningún problema hasta llegar a un 5.11 completo. ¡Genial!

En el corazón del apego existe un *ansia*, en el sentido más amplio de la palabra, que genera sufrimiento: un dolor que puede ir desde el malestar sutil hasta el insoportablemente intenso. Y aunque quizá sea un recurso efectivo durante un tiempo (una especie de espuela como las que hacen correr a los caballos), a la larga, cuando el caballo se desploma agotado, es contraproducente. En cambio, la aspiración, es decir, esforzarse duramente por algo sin apegarse a los resultados, produce una sensación agradable que además te ayuda a ampliar tus límites y a crecer sin preocuparte por «no dar la talla». Resulta paradójico el hecho de que no tomarte demasiado a pecho tus metas incrementa en gran medida las posibilidades de obtenerlas, mientras que pensar que te va la vida en ellas (y como consecuencia sentir miedo al fracaso) se vuelve un obstáculo que te impide dar lo mejor de ti.

Sentarse en un sofá toda la vida y no intentar nunca conseguir nada importante puede ser una manera de evitar la trampa del apego. Pero si tienes un trabajo, una relación íntima, una familia, un servicio que dar a los demás o una vocación espiritual, el desafío consiste en permanecer firme sin apartarte de tu camino, con dedicación y disciplina, centrado en la aspiración.

CÓMO

La aspiración tiene que ver con *gustar*, mientras que el apego está relacionado con *querer* –y ambos ponen en funcionamiento diferentes sistemas cerebrales (Berridge y Robinson 1998; Pecina, Smith y Berridge 2006)–. Sentir que te gusta lo que es agradable y te disgusta lo desagradable es algo normal, no un inconveniente. El problema empieza cuando caemos en el ansia y la tensión que aparecen en el momento en que queremos algo hasta el punto de necesitarlo: necesitar que siga lo que nos causa placer y que acabe lo que nos desagrada. Aprende a reconocer la diferencia entre gustar y querer en tu cuerpo, emociones, actitudes y pensamientos. Creo que descubrirás que la sensación de gustar es abierta, relajada y flexible, mientras que la de querer hace que sintamos tensión y presión, que estemos contraídos y rígidos.

Después de esto intenta ver si consigues quedarte con la sensación de gustar sin terminar en la de querer:

❖ Ten presente esas pequeñas alarmas que saltan en tu mente (¡Alerta! ¡Cuidado!) cada vez que resbalas en ese terreno tan conocido y peligroso de querer/ansiar. Sobre todo cuando se trata de una sensación sutil que se encuentra en el fondo de tu mente.

❖ Relájate y despréndete de cualquier sentimiento del tipo «tengo que conseguirlo». Fíjate en las mil formas en que tu vida está funcionando bien en estos momentos y seguirá haciéndolo aunque no logres ese objetivo concreto. Lucha por conseguir tus metas desde la abundancia, no desde la necesidad.

❖ Intenta mantener la calma (incluso en medio de una actividad desenfrenada), porque la intensidad, la tensión, el miedo y la ira son el combustible del que se nutre esa fuerte sensación de querer/ansiar.

❖ Deja a un lado cualquier fijación que tengas con un resultado determinado. Reconoce que todo lo que puedes hacer es atender a las causas, pero no forzar los resultados.

❖ Mantén la sensación y la idea del «yo» al mínimo. El éxito o el fracaso depende de docenas de factores, de los cuales solo unos pocos están bajo tu control. Tanto si ganas como si pierdes, no te lo tomes como algo personal.

Mientras tanto, ten cuidado con esa creencia tan extendida de que si no luchas con fiereza para conseguir tus metas, no tienes sangre en las venas. Recuerda que puedes realizar un gran esfuerzo para llegar a tu objetivo sin necesidad de aferrarte a ese resultado. Piensa en la descripción que una vez le oí a Thich Nhat Hanh, un monje vietnamita que ha conseguido un sinfín de metas como maestro y promotor de la paz en el mundo:

Una nube, una mariposa y un buldócer.

31

SIGUE ADELANTE

Una vez asistí a un taller liderado por Joseph Goldstein, un maestro budista. Yo había llegado a la conclusión de que en realidad no existe una identidad fija, y quise compartir la idea con él. El maestro asintió y dijo:

—Exactamente.

Me sentí orgulloso de aparecer como alguien que va un paso por delante. En ese momento sonrió y añadió algo que nunca he olvidado:

—Sigue adelante.

De todos los factores que llevan a la felicidad y al éxito (clase social, inteligencia, personalidad, carácter, apariencia, suerte, raza, etc.), por lo general el que con el tiempo llega a tener un mayor impacto es la *persistencia*. Si te tumban diez veces, te levantas otras diez.

Si sigues adelante, *puede* que no alcances tu meta, pero si te detienes, *nunca* la alcanzarás.

Respetamos a la gente que es perseverante. Hay mucha magia en la decisión, tanta que atrae a las personas hacia ella y suscita su apoyo.

Y la verdad es que no sabes cuándo puede llegar tu día. Hay muchas historias de éxito «de la noche a la mañana» que en realidad se han producido tras muchos años de esfuerzo, con frecuencia con fracasos por medio. Por ejemplo, Dwight Eisenhower era un coronel mediocre en 1939 (y tenía casi cuarenta y nueve años) cuando Alemania invadió Polonia para empezar la Segunda Guerra Mundial; cuatro años más tarde, estaba a cargo de todas las fuerzas aliadas de Europa, y nueve años después, fue elegido presidente.

CÓMO

Asegúrate de que tus metas se merecen que seas perseverante. En algunas ocasiones la determinación no tiene sentido. No es necesario que «sigas adelante» cuando ves claramente que no hay salida. Piensa en los daños colaterales: ¿estás ganando batallas pero perdiendo la «guerra» de tu salud, tu bienestar, tu integridad y del bien de los demás?

Aprende a sentir en tus entrañas el empuje de la perseverancia. Puede ser una sensación de rabia, fuerza, tenacidad, obstinación, claridad, inspiración, entrega, vocación, propósito, equilibrio, compromiso o todas estas sensaciones a la vez. Recuerda un momento en el que tuvieras esta sensación y vuelve a sentirla en tu cuerpo. Invócala cada vez que necesites conectarte a esos recursos de tu interior que te ayudan a seguir adelante.

Da el paso que tienes justo enfrente de ti, uno tras otro. He enseñado a muchas personas a escalar montañas. Los principiantes con frecuencia tienen un pie suelto, en la parte de abajo, y el otro a la altura de la rodilla, y están bien sujetos, sobre un terreno sólido, además de disponer de dos asideros. Y sin embargo no pueden encontrar nuevos salientes en los que apoyarse, están bloqueados. Pero basta con que simplemente pongan todo su peso sobre el pie que está más elevado, que se levanten sobre él (es decir, que den ese paso) para que los asideros situados más arriba se encuentren a su alcance.

Fíjate un ritmo que puedas mantener. La vida es una maratón, no un *sprint*. Por ejemplo, en mi primera excursión con los Boy Scouts, yo era un niño delgaducho, empollón y, definitivamente, nada atlético. Pero quería llegar el primero al lugar donde íbamos a montar nuestro campamento. Comenzamos, y los chicos más fornidos del grupo (los que con el tiempo se convertirían en lo que ahora llamamos «machos alfa») me sacaron enseguida una gran ventaja, mientras yo seguía tras ellos a un ritmo mucho más lento, pero también más constante. Tras unos cuantos kilómetros les di alcance; estaban sentados junto al camino. Se quedaron muy sorprendidos de verme y rápidamente se levantaron y me adelantaron. No obstante, tras otros pocos kilómetros, una vez más, los volví a encontrar tumbados junto al camino, y esta vez realmente se enojaron cuando los pasé. Yo, por mi parte, me puse muy contento de llegar el primero y conseguir el mejor sitio para montar la tienda.

Sigue adelante en tu mente aunque no puedas hacerlo en el mundo. Quizá te encuentres estancado en alguna situación: un trabajo, una enfermedad, cierto tipo de matrimonio... Pero al menos puedes continuar reflexionando sobre lo que está sucediendo, aprender a gestionarlo y amar a las personas que hay en tu vida. Y con el tiempo tal vez la situación mejore.

Como decía Winston Churchill: «Si estás pasando por un infierno, sigue adelante».

Ten fe en que tus esfuerzos obtendrán una recompensa. Puede que hayas escuchado antes esta historia: un grupo de ranas cayó en un depósito de nata. Como no podían dar un salto y salir de allí, una tras otra se fueron ahogando. Pero una de las ranas se negó a rendirse y siguió nadando y manteniéndose viva, incluso después de ver como todas sus compañeras se ahogaban delante de ella. Finalmente sus movimientos batieron tanto la nata que esta se hizo mantequilla, y desde ella la rana saltó y salvó su vida.

¡Sigue batiendo!

Cuarta parte

INVOLÚCRATE

32

SÉ CURIOSO

Hace un par de años emprendimos un viaje para ver el mar muy cerca de donde yo vivo, al norte de San Francisco. Mi padre, que nació en un rancho de Dakota del Norte en 1918, es un zoólogo retirado que ama las aves, y yo quería mostrarle los pantanos.

Se trata de una carretera muy retorcida, excavada en los montes asomados al mar, que transcurre a lo largo de la costa. Después de un buen rato conduciendo, hicimos una breve parada. Me interné en los matorrales y al volver encontré a mi padre examinando la hierba seca e irregular que sobresalía de un pequeño acantilado cerca de nuestro coche.

—¡Mira, Rick —me dijo muy excitado—, ¡mira, las capas de tierra son diferentes, por eso las plantas que crecen en ellas son diferentes también!

Parecía un niño pequeño que hubiera encontrado un elefante en el jardín de su casa. Pero así es mi padre: infinitamente curioso, incapaz de aburrirse. Yo y otros diez mil conductores más habríamos recorrido esa curva sin ver nada más que otro trozo de carretera sin sentido. Pero para él las cosas son distintas, no da nada por hecho. Por eso miró y se preguntó por el significado de lo que estaba viendo, y buscó conexiones y explicaciones. Para él el mundo lleva encima un signo de interrogación.

Esta actitud de asombro, de interés y de investigarlo todo trae muchas recompensas. Por ejemplo, usar la mente de un modo activo conforme vas envejeciendo te ayuda a conservar el funcionamiento de tu cerebro. Ya conoces el viejo dicho: ¡lo que no se usa se atrofia!

Además, así reúnes una gran cantidad de información útil (sobre ti mismo, sobre otra gente y sobre el mundo) al mirar a tu alrededor. También ves las cosas dentro de un contexto más amplio, y de esta forma te afectan menos; no te urge tanto conseguir más de lo que te gusta ni te estresa tanto soportar lo que te disgusta.

Como le oí decir a mi hija una vez, la gente que siente curiosidad no suele estar ensimismada. Por supuesto que les interesa el funcionamiento de su mente (la curiosidad es un gran recurso para sanar, crecer y despertar) pero también están muy involucrados en el mundo y en la vida de otras personas. Quizá por eso nos suele gustar la gente curiosa.

CÓMO

Para empezar, la curiosidad requiere de una *voluntad* de ver lo que hay bajo las piedras a las que les damos la vuelta. Por lo general se trata de algo que es neutral o positivo. Pero en ocasiones te encontrarás con algo que tiene un aspecto espantoso o que apesta. Y ahí sí necesitarás valor para afrontar un aspecto de ti mismo, de otra persona o del mundo con el que te sientes incómodo. En este caso te ayudará observar las cosas con cierta distancia y tratar de no identificarte con ellas. Enmárcalas en un espacio, sabiendo que lo que hayas encontrado es solo parte de un todo mucho mayor y que (por lo general) se trata de un fenómeno pasajero.

Con esa voluntad la curiosidad puede expresarse a sí misma, y lo hace a través de la acción de mirar, con una mirada más amplia y profunda. Y luego volver a mirar una vez más.

Gran parte de lo que nos hace sentir curiosidad es verdaderamente estupendo, como el crecimiento de los niños, las actividades de nuestros amigos o el funcionamiento de un ordenador nuevo. Y a veces vale la pena tener curiosidad ante ciertas circunstancias. Pongamos por caso que te has sentido muy irritable en determinada situación y vamos a aplicarle las siguientes prácticas (también puedes aplicarlas a diferentes aspectos de tu mente, o a otra gente o a situaciones enteramente distintas).

Mirar con una mirada más profunda significa interesarse por lo que hay bajo la superficie. Por ejemplo, ¿a qué situaciones pasadas, especialmente de cuando eras muy joven y te afectaban mucho las cosas, te recuerda esto?

Mirar con una mirada más amplia quiere decir ensanchar tu visión:

❖ ¿Cuáles son los otros aspectos de la situación, como las buenas intenciones de los demás o tu propia responsabilidad en los incidentes?

❖ ¿Qué factores podían estar funcionando en tu mente? Por ejemplo, ¿habías trabajado demasiado últimamente, te sentías poco reconocido, no habías comido o dormido bien? ¿Te tomaste la situación como si fuera mucho peor o mucho más amenazadora de lo que realmente era? ¿Te la tomaste de forma personal?

Volver a mirar otra vez significa seguir adelante con tu investigación. Sigues desatando los nudos de todo lo que despierta tu curiosidad, intentando descubrir los mecanismos que hacen que las cosas sean lo que son. No te conformas con la primera explicación. Hay una actitud de asombro y osadía en tu proceder. Lo mismo que los niños, los gatos, los santos y los poetas, eres capaz de ver el mundo con una mirada fresca, nueva.

Una y otra vez.

33

DISFRUTA DE TUS MANOS

A veces vale la pena recordar lo que es obvio: participamos en el mundo por medio de nuestro *cuerpo*, con frecuencia a través de las *manos*.

Las manos humanas son únicas en el reino animal en cuanto a destreza y sensibilidad. Su capacidad para llevar a cabo acciones especializadas ayudó a desarrollar la evolución de las redes neuronales que permiten hacer planes complejos, tomar decisiones y mantener el autocontrol.

Tus manos se extienden, tocan, acarician, sostienen, manipulan y sueltan. Son capaces de escribir, remover una olla, cepillar el pelo, lavar platos, cambiar las marchas de un vehículo, rascarte la oreja, abrir puertas, arrojar piedras, abrazar a las personas que amas y ayudarte a acurrucarte en la cama. Puede que no sean perfectas, y con la edad a veces nos duelen, pero siempre son hermosas y vitales.

Apreciar tus manos hace que aprecies la vida. Ser consciente de ellas (prestar atención a lo que estás sintiendo y haciendo) es una manera sencilla y accesible de sumergirse en una conexión más sensual con el mundo, a través del cuerpo, empezando por la gente a la que tocas.

CÓMO

Emplea unos instantes en contemplarte las manos. ¿Qué están haciendo? ¿Qué están tocando? Siempre están tocando algo, aunque solo sea el aire. ¿Qué es lo que sienten? ¿Calor o frío? ¿Dureza o suavidad?

Mueve las puntas de los dedos. Nota qué increíblemente sensibles son, con miles de terminaciones nerviosas por centímetro cuadrado. Juega con las sensaciones de tus dedos presionando la palma de la mano, con el pulgar tocando uno a uno el resto de los dedos, con los dedos de una mano acariciando los de la otra.

Deléitate en la alegría que tus manos pueden proporcionarte. Úsalas para sumergirte en el placer de sostener una taza caliente de café, en el alivio de rascarte la cabeza cuando te pica, en la satisfacción de abrocharte un botón que te costaba trabajo hacer pasar por el ojal...

Toca más a los demás, si te parece apropiado. Siente la firmeza de un apretón de manos, el hombro de un amigo, la piel de un amante, el cabello de un niño, el pelo de un perro o un gato...

Siente la destreza de tus manos al manejar un volante, escribir una nota, cambiar una bombilla, aserrar madera, plantar bulbos, picar un ajo, pelar una cebolla... Siente su fuerza al sostener un cuchillo, al cerrar la mano en un puño, al portar una maleta...

Mira cómo hablan tus manos: apuntando, alzándose y cayendo, abriéndose y cerrándose, levantando el pulgar, al saludar y despedirte agitándolas.

Fíjate en tus manos a menudo. Percibe cómo sienten tu vida.

34

APRENDE A NO SABER

Una vez hace mucho tiempo, un intelectual y una santa que vivían en la misma calle decidieron reunirse. El intelectual le preguntó a la santa por el sentido de la vida. Ella dijo unas pocas palabras sobre el amor y la alegría, y se detuvo para reflexionar. En ese momento el intelectual aprovechó para soltar un larguísimo discurso sobre filosofía occidental y oriental. Cuando finalizó, la santa le propuso tomar un té, lo preparó con mucho cuidado y empezó a servirlo lentamente en la taza del intelectual. Poco a poco el té fue subiendo y ella seguía vertiéndolo. Estaba ya a punto de llegar al borde de la taza, pero la mujer seguía sirviéndolo. Rebosó de la taza y se derramó sobre la mesa, pero ella siguió sirviéndolo. El intelectual gritó:

—¿Qué estás haciendo? ¡No puedes echar más té en una taza que ya está llena!

La santa dejó la tetera sobre la mesa y dijo:

—Eso mismo.

Una mente que está abierta y tiene espacio puede absorber una gran cantidad de información útil. Por otra parte, una mente que está llena (de suposiciones, creencias acerca de las intenciones de los demás, ideas preconcebidas) se pierde detalles importantes o contextos, salta a determinadas conclusiones y le cuesta mucho aprender algo nuevo.

Por ejemplo, digamos que una amiga te dice algo hiriente. Veamos qué beneficios crees que podrían lograrse de una actitud inicial del tipo: «Vaya, ¿a qué ha venido eso? Me parece que no lo acabo de entender». En primer lugar, ganarías tiempo para pensar en lo que ha ocurrido antes de decir algo de lo que podrías luego arrepentirte. En segundo lugar, aprenderías algo después de hacerte algunas preguntas: ¿estás seguro de que lo escuchaste bien? ¿Hiciste algo por lo que debas disculparte? ¿Habrá algo que esté molestando a tu amiga y que no tenga absolutamente nada que ver contigo? ¿Será que te entendió mal? En tercer lugar, ella probablemente se mostrará más abierta y menos a la defensiva contigo; no hay nada más molesto que alguien que se cree que lo sabe todo.

Jean Piaget, gran psicólogo especializado en la infancia, sostenía que hay esencialmente dos tipos de aprendizaje:

- ❖ *Asimilación*: incorporar nueva información dentro de un sistema de creencias ya existente.
- ❖ *Acomodación*: cambiar un sistema de creencias basándonos en nueva información.

Ambos tienen su valor, pero la acomodación es más importante y tiene mayores consecuencias. Sin embargo, resulta más dura, porque abandonar o transformar creencias que hemos mantenido durante mucho tiempo puede causarnos cierta confusión o incluso darnos miedo. Por eso es por lo que es tan importante seguir intentando recuperar la apertura y la frescura que teníamos cuando de niños vimos por primera vez un grillo, una maceta, un cepillo de dientes o una seta. La mente del niño es la mente del principiante... la mente que no sabe.

CÓMO

Durante unos pocos minutos, un día, una semana (o una vida entera), date permiso para no saber.

❖ Sé especialmente escéptico con respecto a aquello que estás seguro que es verdad. Estas son las creencias que con frecuencia nos meten en más problemas.

❖ En una conversación, no des por hecho que sabes cuál es la intención de tu interlocutor. No te preocupes sobre lo que vas a decir; lo sabrás cuando te llegue el momento de hablar. Recuerda cómo te sientes cuando alguien actúa como si supiera lo que «realmente» estás pensando, sintiendo o queriendo.

❖ Deja que tus ojos se posen sobre los objetos familiares (como el menaje que hay sobre una mesa preparada para la cena) y nota cómo los sientes durante un breve intervalo, quizá de más o menos un segundo, después de haberte fijado en ellos pero antes de que la etiqueta verbal (por ejemplo, «sal», «vaso»...) haya aparecido en tu conciencia.

❖ O ve a dar un paseo. Nota cómo la mente trata de identificar y etiquetar (de saber) aquello que ves a tu alrededor, para poder resolver problemas y así mantenerte vivo. Dale a tu mente el reconocimiento que se merece («¡Buena chica!») y procura desprenderte de esa necesidad de saber.

❖ Pregúntate si para ti es importante ser una persona que tiene las respuestas adecuadas, una persona que sabe. ¿Cómo te sentirías si te quitaras de encima esa carga?

❖ Esto puede parecer un poco cósmico, pero en realidad tiene que ver con mantener los pies en la tierra: mira cualquier objeto y pregúntate si sabes lo que *es*. Suponte que es una copa. ¿Sabes realmente lo que es una «copa» si la examinas a fondo? Estás al tanto de que está hecha de átomos, de electrones, de protones, de *quarks*. Pero ¿sabes lo que es un *quark*? Comprendes que es energía, o espacio-tiempo, o polvo brillante de hadas incomprensible para el ser humano, o cualquier cosa, pero ¿realmente crees que alguna vez podrías llegar a saber lo que de verdad *es* la energía o el espacio-tiempo? Vivimos rodeados de objetos que manipulamos constantemente (cucharas, coches, rascacielos) pero que nunca alcanzamos a ver realmente lo que *son*. Nadie lo sabe, ni siquiera los más grandes científicos del mundo.

❖ Ya que verdaderamente no sabes lo que es una cuchara, ¿crees que sabes lo que tú eres? ¿O de lo que eres capaz? ¿O de lo alto que podrías llegar? Piensa en cualquier suposición limitadora que tengas sobre tu propia vida... en cómo «sabías» que tus ideas no valían la pena, que la gente se reiría de ti (o que te importaría que lo

hicieran), que nadie te apoyaría, que arriesgarse significa únicamente fracasar. ¿Qué puede ocurrir si aplicas
esa mentalidad de «no saber» a tus limitaciones?

❖ Nota lo bien y lo relajado que te sientes cuando te desprendes de esa necesidad de saber. Aprecia esas sensaciones positivas para así sentirte más cómodo viviendo
la vida desde esta mentalidad de no saber.

Ojalá que después de esta práctica de no saber sepas menos que cuando empezaste.

¡Y por tanto sepas más que nunca!

35

HAZ LO QUE PUEDAS

La ciencia ha demostrado que es extraordinariamente fácil provocar una sensación de «impotencia aprendida» en los perros, cuyo circuito neural para la motivación es bastante similar al nuestro. Después se necesita muchísimo más entrenamiento para que los perros desaprendan su pasividad impotente (Seligman 1972).

Los humanos somos muy parecidos. También nosotros podemos aprender fácilmente a sentirnos inútiles y luego es muy difícil dar marcha atrás. Piensa en alguna de las maneras en que te has sentido zarandeado por fuerzas externas y en cómo te ha afectado eso. La impotencia aprendida fomenta la depresión, la ansiedad, el pesimismo y la baja autoestima, además de hacer que dejemos de esforzarnos para conseguir nuestras metas.

Lo mismo que les sucede al resto de las personas, el hecho de ser vulnerable por naturaleza a sentimientos de impotencia aprendida hace que para ti sea fundamental llegar a *reconocer* en qué aspectos tienes poder y hacer todo lo que esté en tus manos, aunque sea solo en el interior de tu mente.

CÓMO

Empieza por poner en práctica una idea muy útil del libro *Los siete hábitos de las personas altamente efectivas*, de Stephen Covey. Imagínate que un círculo contiene aquello sobre lo que tienes influencia, y otro círculo aquello que te preocupa. El espacio común a ambos es el punto en el que puedes llegar a tener un impacto sobre lo que para ti es importante.

Es verdad que a veces hay cosas que nos importan pero que no podemos cambiar por nosotros mismos, como el hecho de que haya gente en el mundo que pasa hambre. No estoy diciendo que simplemente ignoremos esta realidad o que seamos indiferentes a ella. Deberíamos centrarnos en lo que *podemos* hacer, como soportar ser testigos del sufrimiento ajeno y dejar que esa visión nos conmueva y nos empuje a contribuir de una manera material, como por ejemplo ayudando en un refugio para los sin techo.

Pero intentar controlar todo lo que no está en tus manos plantará semillas de impotencia, te hará sufrir y minará tu capacidad de ejercer la influencia que puedes ejercer.

Pregúntate a ti mismo: ¿cómo puedo dejar de emplear mi tiempo, dinero, energía, atención o preocupación en los aspectos que no puedo cambiar, y centrar todos estos recursos donde *sí* puedan ayudar a mejorar las cosas?

Haz una lista de tus cualidades más importantes y de todos los recursos que *tienes*. ¡Es probable que tu círculo de influencia sea mucho mayor de lo que tú crees!

Plantéate cómo podrías emplear algunos de esos recursos de una forma completamente distinta a como lo has venido haciendo hasta ahora para llevar a cabo acciones beneficiosas. Desafía todas esas ideas preconcebidas del tipo: «Sí, pero es que yo no podría hacer *eso*». ¿Estás seguro? Acuérdate de alguien que conozcas que esté muy seguro de sí mismo y pregúntate: «Si yo tuviera esa seguridad, ¿qué cosas nuevas haría?».

En particular, piensa en las acciones que puedes tomar dentro de tu propia mente. Comparado con tratar de cambiar el mundo o tu cuerpo, por lo general tu mente es donde tienes más influencia, donde los resultados son más permanentes y significativos, y donde encuentras las mayores oportunidades de ser eficaz y de eliminar la sensación de impotencia. Por ejemplo, ¿cómo podrías ir encauzando mejor tus reacciones emocionales, desarrollar más la atención plena o volverte más afectuoso? Todo esto está a tu alcance.

Cuando no sé qué hacer ante algún problema, a veces me acuerdo de lo que dijo un niño llamado Nkosi Johnson, que vivía en Sudáfrica. Como muchos niños de ese país, Nkosi nació con VIH y murió a los doce años. A pesar de su temprana muerte, llegó a ser famoso en todo el país como defensor de la causa de las personas con sida. Su «mantra», como él lo llamaba, siempre me llega al corazón: «Haz todo lo que puedas, con lo que tengas, en el tiempo del que dispongas, en el lugar donde estés».

Eso es todo lo que cada uno de nosotros puede hacer.

36

ACEPTA LOS LÍMITES DE TU INFLUENCIA

La práctica que acabamos de ver era para ejercitar la influencia que *tienes*, para hacer lo que puedes.

Por supuesto, también es verdad que cada uno de nosotros tiene muchas limitaciones en lo que es capaz de hacer o cambiar. No puedes cambiar el pasado, o incluso ni siquiera el momento presente. Al mirar al futuro (lo único a lo que en realidad puedes afectar), tienes poca influencia sobre otras personas, en concreto sobre sus pensamientos, acciones o sufrimiento. Y aún menos influencia sobre la economía, las políticas de gobierno o los asuntos internacionales. Los acontecimientos suceden debido a ciertas causas, y de las miles de causas que existen en su origen, muy pocas de ellas están bajo tu control.

No tienes el poder de hacer que algo suceda si no se dan los prerrequisitos necesarios. Por ejemplo, no puedes lograr que crezcan rosas sin una buena tierra ni agua.

Si llevas tiempo golpeándote la cabeza contra un muro ha llegado el momento de que te detengas, aceptes las cosas como son y sigas adelante. Como me digo a veces: «No te empeñes en cultivar rosas en un aparcamiento».

CÓMO

En general, cuando te enfrentas con algo que no puedes cambiar —como estar metido en un atasco de tráfico, sentirte triste o que tu hija pequeña acabe de derramar la leche sobre la alfombra (hablando de algunas de mis propias experiencias—, pregúntate a ti mismo: «¿Puedo aceptar que esto es como es, me guste o no?».

Entiende que aceptar algo no significa aprobarlo, permitirlo, hacer caso omiso de ello o perdonarlo. Simplemente estás enfrentándote a los hechos, entre ellos que tu influencia tiene sus limitaciones.

Nota las buenas sensaciones que se originan con la aceptación, incluso si son sentimientos dolorosos acerca de determinados sucesos. Fíjate en que la aceptación con frecuencia te brinda más recursos para lidiar con las dificultades de la vida.

Si no puedes aceptar un evento (que existe, que ha sucedido, aunque quizá hubieras preferido que no fuera así), ¡intenta aceptar el hecho de que no puedes aceptarlo!

Concretamente ten en cuenta las siguientes reflexiones:

❖ Repasa un acontecimiento de tu vida que te haya resultado problemático. Trata de aceptarlo como algo que ha ocurrido, te guste o no, y como algo que es parte de un todo que probablemente sea mucho más positivo.

❖ Piensa en algún aspecto de tu personalidad o de tu cuerpo que no te guste. Sé sincero contigo mismo acerca de hasta qué punto puedes cambiarlo y haz una elección clara sobre lo que estás dispuesto a hacer para lograrlo. Luego acepta el resultado, tal y como es, y como parte de ese algo mucho mayor y mucho más positivo que es la totalidad de tu ser.

❖ Acuérdate de una persona clave en tu vida. ¿Ha habido alguna forma en la que has estado intentando cambiar a esa persona que, simplemente, no funciona? ¿Cuáles son los límites de tu influencia que necesitas aceptar en este caso?

❖ Piensa en algo que hayas querido que ocurriera pero sobre lo que te has sentido frustrado: quizá un cambio de carrera, una escuela en la que te hubiera gustado matricular a tu hijo o una venta a un nuevo cliente. ¿De verdad se dan las condiciones para ayudarte a cambiar eso? Si se dan, es mejor que seas paciente y sigas intentándolo. Pero si no (si estás tratando de plantar rosas en el aparcamiento), plantéate depositar tus esperanzas y tus esfuerzos en algo diferente.

37

CÉNTRATE EN LAS CAUSAS

Digamos que quieres tener un manzano. Vas al invernadero y eliges un buen retoño, lo llevas a tu casa, lo plantas con cuidado en un buen terreno y le aplicas además una gran cantidad de fertilizante. Luego lo riegas con regularidad, eliminas las plagas que puedan atacarlo y lo podas. Si sigues cuidando a tu árbol, lo más seguro es que dentro de unos pocos años te dé unas manzanas deliciosas.

Pero ¿puedes *hacer* que dé manzanas? No, en absoluto. Todo lo que está en tu mano es centrarte en las causas, no controlar los resultados. Nadie puede. Ni siquiera la persona más poderosa del mundo es capaz de hacer que un árbol produzca manzanas.

De la misma forma, un maestro no puede hacer que sus estudiantes aprendan a dividir, el dueño de un negocio no puede hacer que sus empleados inventen nuevos productos y tú no puedes hacer que alguien te ame. Todo lo que podemos hacer es ocuparnos de las causas de los resultados que queremos.

Esta verdad tiene dos implicaciones: una es un poco difícil de aceptar, la otra es ¡liberadora!

❖ Eres responsable de procurar que se den las causas necesarias. Si no consigues los resultados que deseas en tu vida, pregúntate a ti mismo: «¿Realmente estoy haciendo todo lo que razonablemente puedo para propiciar que se den las causas de estos resultados?».

❖ Puedes tomarte con calma el tema de los resultados. Cuando entiendes que gran parte de lo que hace que los consigas o no en realidad no depende de ti, tiendes a dejar de preocuparte tanto por ellos y sufres menos si las cosas no salen como tú querías.

Es curioso que al centrarte menos en los resultados y más en las causas incrementas las probabilidades de obtener lo que quieres: te estás enfocando en crear los factores que te conducen al éxito, en lugar de dejarte consumir por el estrés que ocasiona preocuparse por los resultados.

CÓMO

❖ Haz todo lo que puedas para aumentar tu bienestar personal. Este bienestar se manifiesta luego en una poderosa carga de energía positiva que beneficia a todas las causas que estás promoviendo. De manera que pregúntate: «¿Qué es lo que más influye en mi bienestar?». Podría tratarse de algo aparentemente insignificante. Por ejemplo, para mí uno de los factores clave es la hora a la que me acuesto, ya que eso determina si puedo o no levantarme para meditar por las mañanas, lo que a su vez influye en cómo me siento durante todo el día. También podría significar desprenderte de algo que está drenando tu energía, como el hábito de engarzarte en discusiones inútiles con otras personas.

Elige algo que eleve tu bienestar y céntrate en ello durante un tiempo.

❖ Piensa también en un aspecto de tu vida en el que no estás consiguiendo los resultados que quieres, como en el terreno del trabajo, el amor, la salud, el ocio, o en la dimensión espiritual. Identifica una causa, dentro de cualquiera de estos aspectos, que tenga un gran efecto. Si te encuentras estancado, por lo general se trata de encontrar una clave que te permitirá ponerte en movimiento otra vez o liberarte de un obstáculo.

Por ejemplo, si quieres perder peso, ocúpate de la causa del ejercicio. Si quieres una pareja, la causa en la que te tienes que centrar es conocer nuevos «candidatos». Si quieres que tus hijos cooperen, potencia la autoridad paterna. Si quieres un empleo mejor, céntrate en la causa de la búsqueda organizada de trabajo. Si quieres paz interior, atiende a la causa de aprender a relajarte.

❖ Atrévete a ser sincero contigo mismo en el tema de las causas y los resultados: ¿estás trabajando sobre las verdaderas causas de los resultados que buscas? ¿O simplemente estás tirando con todas tus fuerzas de una cuerda (una causa) que ni siquiera está sujeta a la carga que quieres mover (los resultados que deseas conseguir)?

Quizá tengas que ocuparte de otras causas que existen a un nivel más profundo, como dudar de ti mismo o los miedos que aprendiste durante tu infancia. O quizá el resultado que deseas no está a tu alcance, y simplemente tienes que aceptarlo.

❖ Deja que los resultados sean los que son, aprende de ellos y vuelve a dirigir tu atención a las causas. ¡No te quedes tan absorto en las manzanas que te olvides de regar el árbol!

38

NO TE ALARMES

El sistema nervioso ha evolucionado durante cerca de seiscientos millones de años. A lo largo de todo este tiempo, a las criaturas (gusanos, cangrejos, lagartos, ratas, monos, homínidos, humanos...) que eran realmente tiernas y delicadas, que contemplaban el brillo del sol sobre las hojas y vivían en una actitud absolutamente zen, absortas en su paz interior... se las zamparon por no darse cuenta a tiempo de esas sombras que se acercaban por su espalda o por no prestar atención a los crujidos de unas ramas cercanas.

Las únicas que sobrevivieron para conseguir transmitir sus genes eran las que estaban todo el tiempo asustadas y vigilantes, y nosotros somos sus descendientes, nacidos para vivir con miedo. Aunque hemos avanzado mucho desde los Serengueti, todavía nos ponemos nerviosos y alterados rápidamente en cualquier situación que nos parezca mínimamente amenazadora: no tener suficiente tiempo para revisar los correos electrónicos, más noticias sobre la crisis económica, ninguna llamada después de dos días de haber empezado a salir con alguien...

Incluso si te hallas en una situación razonablemente buena, hay otras fuentes innatas de alarma enraizadas en nuestra biología. Básicamente para sobrevivir, los animales (entre los que nos encontramos) continuamente deben intentar:

❖ Separarse del mundo.
❖ Estabilizar muchos sistemas dinámicos de su organismo, mente, relaciones y entorno.
❖ Conseguir gratificaciones y evitar daños.

Pero aquí está el problema: cada una de estas estrategias se desvanece ante los hechos de la existencia:

❖ Todo está conectado entre sí; por tanto, es imposible separarse del mundo.
❖ Todo cambia; por tanto, es imposible mantener los sistemas estables en el organismo, mente, relaciones o entorno.
❖ Las gratificaciones son fugaces, costosas o directamente imposibles de conseguir, mientras que algunos daños son inevitables; por tanto, es imposible aferrarse al placer para siempre y escapar por completo del dolor.

Cada vez que una de estas estrategias falla, suenan las alarmas (y esto sucede muchas veces al día debido a las contradicciones que se dan entre la naturaleza de la existencia y lo que debemos hacer para sobrevivir). Las alarmas de las que no somos totalmente conscientes crean en el fondo de nuestra mente un ambiente de intranquilidad, incomodidad, irritabilidad, precaución y pesimismo; aquellas de las que somos conscientes nos producen malestar emocional y con frecuencia también físico, como ansiedad, ira o dolor.

No subestimes la importancia de la alarma activada inconscientemente en tu cuerpo y tu mente. Está grabada en nuestros genes y es continua, inherente en la colisión entre las necesidades de la vida y las realidades de la existencia. Y aunque ha sido una magnífica estrategia para mantener vivas a las criaturas y permitirles transmitir sus genes, no es buena para tu salud, tu bienestar, tus relaciones o tus ambiciones. Las señales de amenaza por lo general son desproporcionadas con respecto a lo que en realidad está sucediendo. Te hacen cortarte las alas, sentirte insignificante y jugar a lo seguro mientras te aferres al «nosotros» y receles del «ellos». Al nivel de grupos y naciones, nuestra vulnerabilidad a la alarma hace que seamos fácilmente manipulables mediante el miedo. Sí, hay que enfrentarse a las amenazas reales, a los daños reales, pero ¡ya está bien de falsas alarmas!

CÓMO

Plántale cara a la situación: «Estoy cansado de estar siempre asustado sin necesidad». Plantéate lo que has tenido que pagar durante años por culpa de falsas alarmas: vivir siempre buscando refugio, renunciar a expresarte, el abandono de importantes anhelos y aspiraciones...

Intenta ser más consciente de esas sensaciones sutiles de alarma, como el agarrotamiento en el pecho o en el rostro, esa sensación que notas en el estómago, perder el equilibrio o encontrarte de pronto mirando a cada momento a tu alrededor en busca de una amenaza, con la guardia alta.

Reconoce que muchas señales de alarma no son señales en absoluto: simplemente son *ruido*, sin ningún significado, como la alarma de un coche que no deja de sonar. Obviamente tienes que enfrentarte a las verdaderas alarmas. Pero no reacciones ante aquellas que son exageradas o falsas, no te inquietes al sentirlas.

Acepta que a veces suceden desgracias, que hay incertidumbres, que los aviones se estrellan y que hay ocasiones en que un conductor ebrio atropella a una buena persona. Tenemos que aprender a vivir con la realidad de que no se pueden evitar todos los infortunios. Cuando consigues estar en paz con este hecho, dejas de intentar controlar (por culpa de las alarmas) aquello que no puedes controlar.

Sigue ayudando a tu cuerpo a sentirse cada vez menos alarmado. Yo me imagino que tengo una «iguana interna» que vive en la estructura más primitiva y miedosa de mi bulbo raquídeo, y le acaricio suavemente el vientre, calmándola y confortándola para que se relaje como una lagartija sobre una piedra caliente. Y lo mismo con mi rata interna, o mi mono, o mi hombre de las cavernas: en todo momento relajando el cuerpo, respirando profundamente y soltándome, sintiendo la fuerza y la resolución en mi interior.

Las alarmas pueden dispararse, pero tu conciencia y tus intenciones son mucho más poderosas, como el cielo que hace parecer minúsculas a las nubes. Del mismo modo, las alarmas y los miedos surgen en un espacio infinitamente más amplio en el que no hay miedo. Puedes ver con claridad este mundo siempre cambiante y fugaz, y estar en paz con él. Intenta volver una y otra vez a este espacio en el que no existe el miedo.

39

APAGA LOS FUEGOS

En lo más hondo de tu ser sabes perfectamente, en este mismo momento, que hay asuntos vitales que estás dejando de lado: un peligro o una amenaza a los que no te enfrentas o una gran oportunidad perdida. Estas alarmas son reales, tienes que escucharlas.

Por ejemplo, podría tratarse de facturas sin pagar que se están acumulando peligrosamente, un hijo adolescente que cada vez se muestra más irrespetuoso y desafiante (o más apático y deprimido), meses y meses sin hacer el más mínimo ejercicio físico, un matrimonio que se arrastra penosamente sin alicientes, un abuso de alcohol o drogas, un compañero de trabajo que te influye negativamente, una glotonería cada vez más pronunciada o una molesta y constante sensación de que tienes algún problema de salud.

Más pronto o más tarde, este tipo de «fuegos» queman la vida, y a veces terminan por reducirla a cenizas.

Cuando algo es urgente (como un inodoro atascado, una carta de Hacienda o un bulto en la axila), la mayoría de las personas trata de solucionarlo enseguida. Pero ¿qué ocurre si es importante pero no urgente: un asunto o una meta que puedes aplazar un día más? Es fácil dejar que esos fuegos ardan sin llamas, lentamente, pero al final estos son los que más te cuestan. Tú sabes que están ahí: proyectan una sombra que puedes sentir en las entrañas. Y finalmente siempre traen consecuencias, a veces en tus últimos años, cuando miras atrás y piensas en lo que te hubiera gustado hacer y no hiciste.

Por otro lado, cuando te enfrentas a lo importante, incluso si no es urgente, esa sensación de malestar en el vientre desaparece. Te sientes bien contigo mismo, haciendo lo que puedes y mejorando tu vida.

CÓMO

Ábrete a cualquier intuición, cualquier sensación, acerca de algo que hayas metido en el «cuarto trastero» de tu alma y a lo que realmente necesites prestar atención. Piensa en tu salud, tus finanzas, tus relaciones, tu bienestar y (si para ti es importante) tu vida espiritual. Nota cualquier resistencia a enfrentarte con necesidades significativas que hayas venido ignorando hasta ahora (es frecuente sentirse culpable o ansioso) y trata de desprenderte de ella.

Pregúntate: «¿Qué es lo que siempre me estorba y me impide hacer frente a estos asuntos? ¿Qué es lo que manejo o controlo a diario pero nunca resuelvo de una vez por todas? ¿O qué es eso que siempre estoy dejando para «un día de estos»? ¿Qué es lo que no está mejorando en absoluto por más que yo quiera?».

Escribe los nombres de esos asuntos importantes que tienes que tratar. Cuéntaselo a alguien en quien confíes. Convéncete de que son de verdad importantes. Agarra el toro por los cuernos. Y sigue haciéndolo con todos y cada uno de tus asuntos pendientes.

Párate a pensar en las diversas maneras en las que os beneficiará, a ti y a otras personas, solucionar estas cuestiones. Imagínatelo con detalle. Visualiza de qué manera mejorará tu vida, cómo dormirás, te sentirás y amarás mejor. Permite que tu corazón comience a anhelar esos beneficios. Deja que la promesa que encierran te atraiga, como el olor de las flores a la abeja.

Y piensa también en los costes a corto y largo plazo, para ti y para los demás, de no atender a estos asuntos. Sé sincero contigo mismo: arriésgate a sentir culpa, remordimiento o vergüenza, para mirar cara a cara a estos costes. Puede resultar duro, pero dice mucho en tu honor que lo hagas.

Una vez que sopeses los beneficios y los costes, toma una decisión: ¿vas a apagar ese fuego, o vas a esperar un día más?

Cuando elijas afrontar un asunto, siéntete bien simplemente por el hecho de hacerlo.

Y enseguida pon manos a la obra. No necesitas un plan perfecto para empezar. Solo tienes que saber cuál es el primer paso (si acaso los dos primeros) que hay que dar, como hablar sobre ello con un amigo o con un terapeuta, recabar información (por ejemplo, cuando tienes una preocupación relacionada con la salud), ver a un profesional, hacer una o más pequeñas acciones positivas cada día o conseguir apoyo de otras personas (como un amigo con el que hacer ejercicio o un grupo de Alcohólicos Anónimos). Si estás estancado, no necesitas un plan más perfecto; lo que necesitas es llevar a cabo una acción imperfecta, hacer algo, lo que sea. El cambio se producirá cuando te *comprometas* a tratar ese tema y empieces a hacer algo y a buscar la ayuda que precisas.

Si ves que una vez más estás dejando las cosas para «más tarde» o que estás perdiendo empuje, imagina que tu vida se acaba y estás mirando al pasado. Desde esa perspectiva, ¿qué te hubiera gustado haber hecho?

40

SUEÑA A LO GRANDE

Todo el mundo tiene sueños: metas, grandes planes, razones para vivir, ganas de ayudar a los demás... Hay cientos de ellos, pero por citar solo unos cuantos: formar una familia, cambiar de trabajo, ir a la universidad, profundizar en los aspectos emocionales y sensuales de una relación de larga duración, escribir un libro, vivir una práctica espiritual, realizar alguna actividad artística, conseguir que instalen un semáforo en una intersección peligrosa, adelgazar veinte kilos y mantener el peso, salvar a las ballenas, cambiar el mundo...

Muchos de estos sueños hunden sus raíces en la visión que teníamos en la infancia de lo que es posible. Cuando la niñez da paso a la edad adulta, los restos que nos quedan de esta visión siguen siendo verdaderos en el fondo de nuestro ser.

¿Qué es lo que anhela tu corazón?

Puede que tus anhelos sean bastante concretos, y aun así se trate de sueños importantes. Como el simple hecho de hacer que todos los miembros de la familia compartan las tareas del hogar. O conseguir un trabajo que no se encuentre a una hora de tu casa. O poder estar en paz con tu madre o con tu hijo. O plantar rosas. O sacar cada día media hora de donde sea para dedicártela exclusivamente a ti mismo.

O podrían ser sueños de miras más altas, sueños más elevados. Como reducir el acoso escolar o las emisiones de carbono a la atmósfera, o buscar tu propio despertar espiritual.

Intenta abrir tu conciencia por completo a esta pregunta: «¿Cuáles son los sueños que realmente me importan?». No te preocupes, no vas a caer en ninguna trampa estúpida como la de ansiar desesperadamente volverte rico y famoso; en lugar de eso escucharás cómo te habla tu alma: tu esencia, tu centro, tu sabiduría interna profunda.

Vale la pena escuchar lo que dice.

Y después de hacerlo, también vale la pena buscar la forma (una forma práctica, enraizada en el día a día) que paso a paso te lleve hacia esos sueños.

CÓMO

Encuentra un lugar y un momento tranquilos y pregúntate a ti mismo cuál es tu mayor deseo. Puedes imaginarte también versiones más jóvenes de ti mismo, y preguntarles cuáles son sus sueños.

Trata de mantenerte abierto a lo que salga, en lugar de rechazarlo por llegar demasiado tarde, o ser poco realista, «egoísta» o estúpido. Podrías escribirlo, aunque solo sea unas pocas palabras, o contárselo a alguien. Si quieres, haz un *collage* con imágenes (y quizá también con palabras) que represente tu sueño. Y recuerda que tus sueños no están grabados en piedra; puedes dejarlos respirar, cambiar y crecer.

Deja espacio para tus sueños en tus pensamientos y acciones. Hazte amigo de ellos. Imagina cómo te sentirías si se hicieran realidad, y lo maravilloso que esto sería para ti y para los demás.

Sin prestar una excesiva atención a detalles u obstáculos, concéntrate en lo que podrías hacer de una manera realista para avanzar en la dirección de tus sueños. Busca esos pequeños gestos que puedes hacer cada día y que tienen un efecto acumulativo. Quizá podrías ir un poco más lejos y diseñar un plan de acción... ¡incluso con fechas! No te asustes porque las cosas se vayan volviendo más reales.

Y después, actúa. Si te ayuda, cuenta el proceso que vas siguiendo tus acciones y mantén un registro de ellas —como escribir cuánto tiempo has pasado cada día haciendo ejercicio, hablando cariñosamente con tu pareja o simplemente tumbado en la cama relajándote—. Céntrate en aquello que va a producir mayores cambios; a la hora de llenar el cubo, pon las piedras más grandes primero.

En todo momento deja que tu sueño *te viva*. Siéntete por completo dentro del corazón del sueño: siente cómo va surgiendo de lo más profundo de ti, lo sano que es y lo que te beneficia, cómo está aquí para servirte a ti y al resto de la gente. Entrégate a tu sueño.

Deja que se convierta en tu amigo.

41

SÉ GENEROSO

Dar —a los demás, al mundo, a uno mismo— es una conducta que forma parte esencial de nuestra naturaleza como seres humanos.

Cuando nuestros ancestros mamíferos aparecieron sobre la faz de la Tierra, hace alrededor de doscientos millones de años, sus capacidades para establecer vínculos entre ellos, su emoción y su generosidad constituyeron un extraordinario paso evolutivo. Al contrario que los reptiles y los peces, los mamíferos y las aves cuidaban de sus crías, formaban parejas (a veces de por vida) y generalmente constituían grupos sociales complejos organizados alrededor de varios tipos de cooperación. Para esto es necesario utilizar más inteligencia que para, digamos, lo que hace un pez al soltar un reguero de huevos y alejarse; por lo tanto, en proporción al peso corporal los mamíferos y las aves tienen cerebros de mayor tamaño que los reptiles y los peces.

Cuando aparecieron los primates, hace unos sesenta millones de años, hubo otro salto evolutivo en el tamaño del cerebro basado en las «ventajas reproductivas» (me encanta la frase) de las habilidades sociales. La especie de los primates, que es la que más se relaciona (la que presenta las comunicaciones más complejas, cortejo, jerarquías alfa y beta, etc.), tiene el mayor córtex de todas, en proporción con su peso.

Luego emergieron los primeros homínidos, que empezaron a fabricar herramientas de piedra hace unos dos millones y medio de años. Desde entonces el cerebro ha triplicado su tamaño, y gran parte de este nuevo córtex está dedicado a las habilidades interpersonales como el lenguaje, la empatía, el apego a la familia y los amigos, el amor, los planes de cooperación y el altruismo.

Conforme el cerebro iba aumentando de volumen, se hizo necesaria una infancia más larga para permitir que siguiera creciendo tras el nacimiento y para aprender a sacar partido de sus nuevas y maravillosas capacidades. Para esto hacía falta más ayuda de los padres a fin de mantener vivos a los hijos y sus madres durante esta fase infantil extraordinariamente larga de la vida humana, y también más ayuda de «la aldea que se necesita para criar a un niño».

Los vínculos y los cuidados de las madres primates gradualmente evolucionaron hasta dar lugar al amor romántico, a padres que se preocupan por sus hijos, a la amistad y a la más amplia red de conexiones que mantienen juntos a los seres humanos. Además, nuestros ancestros se cruzaron principalmente con miembros de su propio grupo; los que manejaban mejor los conflictos de las relaciones y el trabajo en equipo se impusieron a otros grupos en la lucha por los escasos recursos; por tanto, los genes que formaron cerebros más inteligentes socialmente proliferaron en el genoma humano. En resumen, fue el hecho de saber *dar* lo que permitió y dirigió la evolución del cerebro durante millones de años.

Como consecuencia de todo esto, nadamos en un mar de generosidad (de muchos actos diarios de consideración, reciprocidad, benevolencia, compasión, simpatía, apoyo, calor, apreciación, respeto, paciencia y ayuda) pero, como le sucede al pez del cuento, con frecuencia no nos damos cuenta de que estamos mojados. Debido a la inclinación del cerebro hacia lo negativo, los momentos de no dar (nuestro propio resentimiento y egoísmo, así como nuestra reserva y crueldad ante los demás) se destacan con deslumbrantes titulares. Además, las modernas economías en cuyo ámbito vivimos sumergidos pueden hacernos creer que dar y recibir tiene que ver solo con el dinero, pero esa parte de la vida es solo una pequeña fracción de la gran «economía de la generosidad» original, con sus flujos circulares de servicios completamente gratuitos que van más allá de la mentalidad mercantil. Al dar te sientes bien, beneficias a los demás, los motivas a corresponderte y hacer algo bueno por ti a su vez, y de esta manera añades otra preciosa hebra al inmenso tapiz de la generosidad humana.

CÓMO

Cuídate. No des de una manera que te pueda dañar a ti o a otras personas (por ejemplo, haciendo la vista gorda al alcoholismo de alguien). Sigue nutriéndote; es más fácil dar cuando tú mismo no te estás quedando vacío.

Arranca la moto de tu generosidad. Sé consciente de aquello por lo que estás agradecido o contento. Recrea siempre en tu mente una sensación de plenitud, de estar completamente lleno, para poder dar un poco más sin que sientas que te falta algo o que te estás vaciando.

Date cuenta de que dar es algo natural en ti. No hace falta que seas un santo para ser generoso. Hay muchas maneras de mostrar esa generosidad, entre ellas abrir tu corazón, entregar parte de tu tiempo, mostrar autocontrol, servir a los demás, ofrecer comida y dinero. Desde este punto de vista, aprecia lo que estás dando cada día. Siéntete bien contigo mismo por tu generosidad.

Da toda tu atención. Quédate al lado de quienes lo necesiten, completamente presente, minuto tras minuto, viviendo con ellos su momento o sus objetivos. Puede que no te guste lo que tengan que decirte, pero aun así podrías hacerles el regalo de escucharlos. (Y esto es especialmente importante en el caso de la pareja o de los hijos.) Luego, cuando llegue tu turno, la otra persona estará más dispuesta a oírte hablar.

Ofrécele a los demás el regalo de la no reactividad. Muchas veces las interacciones, las relaciones y la vida en general irían muchísimo mejor si no le añadiéramos nuestros comentarios, consejos o reacciones emocionales a una situación. En ocasiones, el mejor regalo es no hacer.

Se útil. Por ejemplo, puedes trabajar como voluntario en una escuela, donar dinero a una buena causa o, si ves que tu pareja hace más que tú, aumentar tu participación en las labores domésticas o en el cuidado de los hijos.

Cultiva tu conciencia mediante alguna práctica. Una de las mejores contribuciones que podemos hacer por los demás es elevar nuestro propio nivel de bienestar y funcionamiento. Cualquiera que sea la práctica que lleves a cabo, entrégate a ella de todo corazón, como una ofrenda diaria a lo que para ti sea sagrado, a tu familia, a tus amigos y a la humanidad entera.

Quinta parte

VIVE EN PAZ

42

NOTA TODO LO QUE ESTÁ BIEN EN ESTE INSTANTE

Para mantener vivos a nuestros ancestros, el cerebro desarrolló un continuo goteo interno de malestar. Este pequeño murmullo de preocupación es lo que te mantiene en todo momento vigilando el mundo exterior y el mundo interior en busca de señales de cualquier cosa que vaya mal.

Este fondo de incertidumbre y vigilancia es tan automático que te olvidas de que está ahí. Por eso es bueno que intentes concienciarte de esa tensión que se acumula en tu cuerpo con objeto de protegerlo y darle vigor. Ver cómo estás siempre vigilando y controlando lo que sucede a tu alrededor y las reacciones de la gente. O ser consciente de ese bloqueo que te impide relajarte *por completo*, soltarte, desprenderte de la tensión. Prueba a entrar en una oficina, una tienda o cualquier otro sitio que sepas que es seguro, sin una molécula de recelo: es realmente difícil. O intenta quedarte sentado en casa durante cinco minutos bajando por completo la guardia, con el cuerpo relajado, totalmente a gusto con el momento tal y como es, en paz. Esto es imposible para la mayoría de las personas.

La configuración predeterminada del cerebro con su aprensión constante es una manera genial de mantener al mono mirando siempre por encima de su hombro en busca de una amenaza. Pero es una forma muy triste de vivir. Desgasta el bienestar, alimenta la ansiedad y la depresión y te encoge el ánimo.

Y está basada en una mentira.

Esa intranquilidad que sientes de fondo está siempre susurrándote: «No estás seguro, te encuentras rodeado de amenazas, no puedes permitirte bajar la guardia».

Pero échale un vistazo a este momento, justo ahora. Lo más probable es que estés bien, al menos fundamentalmente bien. Nadie te está atacando, no te estás ahogando, no hay bombas cayendo a tu alrededor, tienes lo que necesitas para vivir. No es perfecto, pero estás bien.

Me estoy refiriendo al ahora, al momento presente. Cuando vamos al futuro, nos preocupamos y hacemos planes. Cuando vamos al pasado, encontramos resentimiento y arrepentimiento. Las hebras del miedo están entrelazadas en los tapices mentales del pasado y el futuro. Vuelve a mirar a esa fina franja de tiempo que es el presente. En este momento, ¿estás bien en lo esencial?, ¿tienes lo suficiente?, ¿puedes respirar?, ¿el corazón te sigue latiendo?, ¿te funciona la mente? La respuesta a todas estas preguntas es casi con toda seguridad un sí.

En la vida cotidiana es posible conectarse con esa sensación de que todo está básicamente bien mientras seguimos adelante con nuestros asuntos. No se trata de que ignores las amenazas reales o los problemas, o de que finjas que todo es perfecto. No lo es. Pero en medio de todo esto puedes encontrar la ocasión para apreciar que en realidad las cosas están bien en este preciso momento.

CÓMO

Varias veces al día detente y sé consciente de que fundamentalmente estás bien.

Puede que desees más amor o más dinero, o a lo mejor tan solo mayonesa para las patatas fritas. Que quieras menos dolor, menos desamor, que se acaben los atascos de tráfico. Todo eso es muy razonable. Pero mientras tanto, bajo todo este ajetreo y todo este tira y afloja del día a día, estás bien. Bajo todos tus deseos y actividades, subyacen tu vitalidad y la conciencia de estar bien en este preciso instante.

Estás haciéndote la cena; notas que «ahora estoy bien», y quizá hasta te lo dices suavemente en tu interior. O estás conduciendo: «Ahora estoy bien». O hablando con alguien: «Ahora estoy bien». O contestando correos electrónicos, o metiendo a tu niña en la cama: «Ahora estoy bien».

Nota que mientras te sientes bien ahora puedes seguir realizando diversas actividades y enfrentándote a problemas. El miedo a que suceda algo malo si te permites a ti mismo sentirte bien está infundado; deja que esto se grabe en tu conciencia. ¡No tienes por qué tenerle miedo a sentirte bien!

A veces la verdad es que *no* estás bien. Quizá haya sucedido alguna desgracia, o tu cuerpo o tu mente se encuentren realmente mal. Haz lo que puedas para salir del apuro en esos momentos. Pero tan pronto como sea posible, fíjate en que el centro de tu ser está bien, es como un lugar tranquilo a treinta metros bajo el mar aunque por encima de las aguas sople un tremendo huracán.

Notar que en realidad estás bien en este preciso instante no es colocarte un velo de positividad sobre los ojos, sino simplemente abrirlos. Te estás enfrentando a un hecho simple pero muy profundo: «En este momento estoy bien». Estás sintiendo la verdad en tu cuerpo, más profunda que el miedo, la verdad de que está respirando y viviendo, de que está bien. Estás reconociendo que tu mente sigue funcionando bien por más negatividad que circule a veces por ella.

Asentarse en esta sensación básica de estar bien es una gran manera de desarrollar el bienestar y los recursos de tu cerebro y de todo tu ser. Estás poniéndote del lado de la verdad y en contra de las mentiras que te susurra al oído la Madre Naturaleza.

43

RESPETA TU TEMPERAMENTO

Los homínidos y los primeros humanos evolucionaron durante varios millones de años viviendo en pequeños grupos, desarrollaron una gama de temperamentos que iba desde el de las «tortugas», cautelosas y atentas, en un extremo, hasta el de las «liebres», aventureras e impulsivas, en el otro, pasando por los «comodines», que juegan en cualquier posición. Esos grupos que tenían una mezcla de tortugas, comodines y liebres podían adaptarse a las condiciones siempre cambiantes y superar a los grupos que tenían un solo tipo de temperamento, lo mismo que un equipo de baloncesto con defensas ágiles y grandes delanteros batiría a los que tuvieran solo defensas o solo delanteros.

Por razones parecidas se fue desarrollando también la variedad en otros aspectos del temperamento, entre ellos:

❖ **LA SOCIABILIDAD**: algunas personas tienen una naturaleza extrovertida, otras realmente introvertida y hay muchas que se encuentran en el punto medio. En un sentido general, y con bastantes excepciones en los detalles, los extrovertidos se alimentan con el contacto social y languidecen con el aislamiento; a los introvertidos les sucede justo lo contrario.

* **LAS INCLINACIONES EMOCIONALES**: el antiguo modelo griego de los cuatro tipos de personalidades —sanguíneo (alegre), colérico (con tendencia a la irritabilidad), melancólico (tendencia a la tristeza) y flemático (difícil de conmover)— tiene algo de verdad en su planteamiento.

Las características temperamentales son innatas, se encuentran grabadas en tu ADN y por tanto en tu cerebro. Por supuesto, estos son solo algunos de los azulejos que componen el mosaico de quien eres. Además, son únicamente *tendencias* que se materializan o no dependiendo de otras partes de ti (inteligencia o calidez entre otras), de tus experiencias vitales y de tu intención consciente. Por ejemplo, yo soy introvertido, pero también me encantan las conversaciones profundas (un terapeuta típico); por tanto, después de estar todo el día tratando con gente, siento que me carga las pilas pasar un rato a solas, leyendo, saliendo a correr y otras actividades más bien solitarias. Del mismo modo, una persona con tendencia a la tristeza (por ejemplo, melancólica) puede aprender a sentir dentro de sí la relajante y reconfortante sensación de ser amada y elevar así su estado de ánimo. Temperamento no significa destino.

Cada temperamento encaja bien con determinados entornos (situaciones, tareas, personas...) y no demasiado bien con otros. Por ejemplo, un niño muy sensible podría sentirse cómodo con un padre tranquilo que tiene un buen apoyo de su esposa; en cambio, las cosas no serían tan fáciles si lo criara uno solo de los padres, que además se encontrara agotado e irritable; una liebre estudiante de primer curso por lo general podrá desarrollarse en un entorno educativo que sea como un gran prado con vallas firmes, pero seguramente recibiría muchas llamadas de atención y pequeñas correcciones (muy estresantes y desmoralizadoras) en una clase en la que haya más control por parte de los educadores y una gran cantidad de actividades manuales; en una pareja las cosas irían mejor si se organizaran de manera que el introvertido (como yo) tenga suficiente espacio para meterse en su «cueva» y la extrovertida (como mi esposa) bastante vida social, y peor si solo una (o ninguna) de las partes satisface esas necesidades.

Cuando el encaje entre temperamento y entorno no es el adecuado, resulta difícil dar lo mejor de sí, tanto si se trata de un niño en la escuela como de una relación íntima o del trabajo. Además, es natural sentir a algún nivel que debe de haber algo que va mal en ti, algún tipo de debilidad o falta. Y esta sensación suele quedar reforzada por cualquier mensaje de tu entorno que te diga que tienes razón, que el problema está en ti, no en lo que hay a tu alrededor.

Por ejemplo, cuando el temperamento liebre es muy acusado, se diagnostica como enfermedad –trastorno de déficit de atención–, a pesar de que ser liebre ha sido una maravillosa característica evolutiva que nos ha ayudado a los seres humanos y a nuestros ancestros homínidos a adaptarnos y sobrevivir en este planeta. Además, a las personas que son naturalmente melancólicas, se les dice que deben animarse y dejar de ser tristes; a los introvertidos, que salgan y conozcan gente, y a las tortugas, que dejen de ser tan prudentes y se tiren de cabeza a la piscina. Esta constante sensación de que hay algo que está mal dentro de uno, algo que hay que corregir, va asimilándose gradualmente y termina por destrozar la seguridad en sí mismo, el ánimo y la autoestima.

¡Pero de verdad no hay nada malo en ser como eres! Deberíamos respetar nuestro temperamento: aceptarlo, ver todo lo positivo que tiene, buscar situaciones y relaciones que favorezcan sus puntos fuertes y cuidarlo cuando se le ataca (por ejemplo, ayudar a un niño tortuga a prepararse para una situación que le puede provocar ansiedad). En otras palabras, trabajar con nuestra naturaleza, no contra ella.

CÓMO

Hazte una idea clara de cuál es tu temperamento. Por ejemplo, comparado con otra gente de tu misma edad y sexo, eres una persona relativamente:

- ❖ ¿Distraída, impulsiva y andas siempre buscando nuevos estímulos? ¿O muy centrada, juiciosa y prudente?
- ❖ ¿Interesada en mantener gran cantidad de contactos sociales? ¿O solo en unos pocos amigos y en pasar bastante tiempo a solas?
- ❖ ¿Alegre, melancólica, fácilmente irritable o tranquila?

También puede ser que estés en medio, que tengas unas características de un temperamento y otras de otro; ese sería tu temperamento.

Acuérdate de cuando eras niño: ¿tu temperamento y el entorno en el que creciste chocaban de forma significativa, y como consecuencia sufriste críticas o una frustración en tu interior por no poder tener más éxito a nivel social o académico? Sé comprensivo contigo mientras te planteas esta cuestión. Recuerda que en la infancia el trabajo de los padres y los maestros (que en ese momento tienen mucho más poder que los niños) es adaptar el entorno, en la medida de lo posible y lo razonable, al temperamento del niño. Después de esto piensa de qué manera encajas como adulto con tu entorno.

¿Cuáles son los puntos fuertes de tu temperamento? Por ejemplo, las personas que tienen tendencia a enfadarse enseguida también suelen darse cuenta rápidamente de las injusticias, los niños con ansiedad por regla general son muy conscientes y los introvertidos tienen una vida interior mucho más rica. ¿Qué inclinaciones de tu naturaleza han sentido necesidad de expresarse más? Piensa en el tipo de entornos (como profesiones, parejas amorosas, lugares u horarios) que apoyarían a tu temperamento y sacarían partido a tus puntos fuertes. ¿Qué acción, que sea inteligente y apropiada, podrías tomar para estimular tu entorno actual y hacer que favorezca más a tus cualidades o para cambiarlo por otro entorno que te sea más beneficioso?

¿Cuáles son las necesidades y puntos vulnerables de tu temperamento? Una persona que sea muy enérgica necesita una gran cantidad de estimulación para no aburrirse, un extrovertido precisa un trabajo en el que haya abundancia de comunicación con otras personas y un melancólico tiene tendencia a sentirse defraudado. Piensa en cómo podrías satisfacer tus necesidades y proteger tu vulnerabilidad. Por ejemplo, si eres ansioso por naturaleza (como es mi caso), es de una gran importancia que puedas crear un entorno orga-nizado, predecible y seguro en tu casa y en el trabajo.

Por medio de estas reflexiones podrás saber que cual-quier problema que tengas con toda probabilidad no se en-cuentra en ti ni en tu entorno, sino en el grado de *adecuación* entre tú y él. Tienes que ser comprensivo contigo mismo por el estrés o el dolor que puedas haber sufrido, apreciar el aguante y la fuerza que has demostrado en momentos en los que eras prácticamente un pez fuera del agua y desafiar las expectativas y otras creencias que hayas desarrollado debido al choque con tu entorno, como esa sensación de que hay algo que está mal en ti. En cuanto a tu entorno (en sentido amplio, incluyendo todo lo que te rodea), piensa en él como una serie de fuerzas impersonales que quizá no hayan sido positivas para ti en algunos aspectos (mientras que probable-mente para alguna otra persona sí que lo hubieran sido), más que como algo inherentemente negativo. Plantéate perdonar a ese entorno por todo el dolor sufrido.

Por último, date cuenta de que nadie tiene un tempera-mento perfecto. Todos somos variaciones bastante originales del modelo humano. Ser capaz de reírte de tu temperamento lo hace menos rígido y contribuye a suavizar tus interacciones con los demás. Por ejemplo, una vez, cuando estaba haciendo terapia, encuadré el folio en el que estaba escribiendo con las esquinas de la mesa. Con una sonrisa, mi paciente bromeó tocando el folio y dejándolo torcido. Los dos nos reímos de mis tendencias obsesivo-compulsivas, que yo había revelado al hablar de las suyas. Y entonces volví a colocar el folio «co-rrectamente» otra vez ¡porque me molestaba mucho!

44

AMA A TU NIÑO INTERIOR

Durante tu vida las experiencias que has tenido se han ido filtrando en tu mente formando capas como los estratos de roca coloreada del Gran Cañón. Las capas fundamentales son las que se formaron en tu niñez, cuando tu cerebro era más impresionable.

Debido a la plasticidad del cerebro, tus experiencias le van dando forma. De manera que aquello que sentiste, quisiste o creíste cuando eras niño queda entrelazado con tu sistema nervioso. Por ejemplo, llorar de niño hasta que alguien viniera, la alegría de empezar a caminar, la diversión con los amigos, sentirte mal contigo mismo cuando te regañaban por no hacer los deberes, las luchas de poder con los padres, querer que tu cuerpo sea más grande/más pequeño/diferente en el instituto, preguntarte si a alguien podría gustarle la persona que realmente eres, la agridulce excitación de salir de casa... Fuera como fuese tu infancia, las experiencias que viviste en ella se han quedado dentro de ti y viajan en todo momento contigo a dondequiera que vayas.

En conjunto, todos estos restos forman tu niño interior, que en realidad no es un cliché estúpido, sino un enorme sistema integrado en tu cerebro que todo el tiempo está influenciando poderosamente a tu estado de ánimo, tu sentido de valía personal, tus expectativas y tus reacciones. Este niño interior se halla en el centro de tu ser.

Si te sientes avergonzado, culpable, crítico, controlador, agresivo o enfadado con este niño, o si intentas hacerlo callar, eso afectará a la manera en que te sientes y actúas. Por tanto, aceptar las partes del niño que hay dentro de ti, guiarlas con cuidado, cuidarlo y llenarlo de cariño sanará y nutrirá las capas más profundas de tu psique.

Este asunto del niño interior puede llegar a volverse abstracto, superficial o meramente sentimental. Por eso hay que ir a la raíz. La mayoría de las infancias son difíciles, de una manera o de otra. De niño probablemente te sentiste herido, decepcionado, fracasado en ocasiones, quisiste un reconocimiento y amor que a veces no conseguiste, arrinconaste algunos de tus sueños y tomaste decisiones sobre ti mismo y sobre la vida con la «lógica» de un niño. Esto es real. Tiene efectos reales. Y tú dispones de una oportunidad real hoy día de ser esa figura (padre, madre, amigo) fuerte, sabia y amorosa que siempre quisiste tener a tu lado.

CÓMO

Ábrete a la sensación de ser cuidado y querido. Siente ahora esa misma sensación de amor y protección pero trasladándola hacia un amigo, alguien de tu familia o un animal de compañía. Sumérgete en esa sensación de amor, apoyo y cuidados; deja que te inunde el corazón y la mente. Después de realizar este ejercicio, mantente enraizado en esa vivencia de recibir y dar amor, cambia el objetivo de este amor hacia *ti*, especialmente al niño que fuiste.

Ahora imagina tu infancia como un todo, empezando por tus primeros recuerdos. Concéntrate en tu *vivencia*, en la forma en que sentiste la niñez, no en los hechos que te sucedieron. ¿Cómo era la sensación de ser un niño? ¿Cómo te sentías en la escuela? ¿En el instituto? ¿Cuáles eran tus momentos más felices? ¿Y los más tristes? ¿Qué es lo que fue bien en tu niñez? ¿Y lo que fue mal? ¿Cuándo te sentiste realmente comprendido y apoyado, y cuándo no? ¿Qué parte de ti floreció en tu infancia, y cuál quedó herida y dañada? ¿Qué tipo de niño eras, especialmente en lo más profundo de tu interior? ¿Cuándo afloraron las mejores partes de ti? ¿Qué fue de ellas?

En la medida de lo posible, trata de seguir manteniendo esa sensación de amor hacia ti mientras te respondes estas preguntas. Acepta tu experiencia de la niñez sin criticarla ni justificarla, y desde luego sin avergonzarte de ella. El niño vulnerable que tenemos dentro por lo general espera que lo rechacen, por eso siente miedo de mostrar su rostro cuando está lloroso, gimoteando, moqueando, llorando, necesitado o enfadado. Por favor, no lo apartes de tu vista. Quiere mostrarse a sí mismo pero tiene miedo. Dale seguridad para que pueda hacerlo, para que pueda revelarse ante ti tal y como es.

Busca formas de sacar a tu niño interior a jugar. Por ejemplo, mi amiga Leslie me habló de mudarse a Wyoming y vagar por su extraordinaria naturaleza como una niña grande, sin intentar conseguir ninguna meta, sintiéndose libre y gozosa. Sigue diferentes rutas para ir al trabajo; sumérgete en la jardinería, la pintura, la música o cualquier deporte; deja de ser tan tremendamente serio y profundo (esto va por mí también); pierde el tiempo; juega con tus hijos; llénate de barro; pregúntale a tu niño interior qué es lo que realmente quiere hacer... No te dejes atar tanto por lo rutinario y por esas supuestas limitaciones que tienes siempre en mente; recuerda cómo te sentías cuando eras niño y llegaba el primer día de vacaciones. Del mismo modo, tienes el resto de tu vida por delante: ¡diviértete!

Acepta que nunca tendrás una infancia mejor que la que tuviste. Sí, puedes hacerte valer y reclamar tu derecho a ser tratado con amor en tus relaciones. Pero al mismo tiempo date cuenta de que eres tú, y no otra persona, quien debe defender, animar, proteger y nutrir a ese niño interior, y al adulto en que se ha convertido. Mantenlos a ambos cerca de tu corazón.

45

DEJA DE ARROJARTE DARDOS

Es inevitable sentir dolor físico y mental. Me acuerdo de cuando tenía seis años y resbalé en una acera helada en Illinois, aterrizando sobre el coxis: ¡ay! Mucho después, a los cincuenta y tantos, cuando mi madre falleció, sentí un tipo completamente diferente de dolor. Para sobrevivir físicamente, necesitas que tu cuerpo te diga que duele cuando está enfermo o herido. Para florecer a un nivel psicológico y en el campo de tus relaciones, te hace falta que la mente te mande diferentes señales de zozobra (como soledad, ira o miedo) si te rechazan, te tratan mal o te amenazan.

Usando una metáfora del Buda, los dolores inevitables de la vida son los «primeros dardos». Pero después le añadimos el insulto a la herida con nuestras *reacciones* a esos dardos. Por ejemplo, puedes reaccionar a un dolor de cabeza con la ansiedad de que podría ser un síntoma de tumor cerebral o ser rechazado por la persona que amas y dedicarte a atacarte despiadadamente a ti mismo.

Es más, es común tener reacciones negativas cuando en realidad no ha sucedido nada malo. Por ejemplo, estás volando y todo va bien, pero te preocupas por si el avión tiene un accidente y se estrella. O tienes una cita y lo pasas genial, pero luego esa persona no te llama al día siguiente y te sientes defraudado.

E incluso más absurdo, a veces reaccionamos mal ante incidentes *positivos*. Puede que alguien te diga un cumplido y te sientas indigno de él, que te ofrezcan una oportunidad en el trabajo y te obsesiones con si vas a ser capaz o no de llevarlo a cabo o que alguien intente consolidar la amistad que tiene contigo y te preocupes pensando que lo vas a defraudar.

Todas estas reacciones son «segundos dardos» que nos lanzamos nosotros mismos. Entre ellos está reaccionar exageradamente ante trivialidades, mantener rencores, justificarnos, ahogarnos en un sentimiento de culpabilidad después de haber aprendido la lección, darles vueltas a hechos que sucedieron hace mucho tiempo, perder la perspectiva, preocuparnos sobre lo que no está en nuestras manos controlar o repasar mentalmente viejas conversaciones reales o imaginarias.

Los segundos dardos son infinitamente más numerosos que los primeros. Estás en la mitad del tablero de los dardos, sangrando a causa de las heridas que en gran medida te has causado tú mismo.

¡Ya hay bastantes dardos en la vida para que encima les sumemos los nuestros!

CÓMO

Acepta que los primeros dardos son inevitables. Duelen, pero el dolor es el precio de estar vivo. Intenta no sentirte ofendido por el dolor (como si fuera una afrenta) ni avergonzado, como si se tratara de un fallo personal.

Cuando el dolor surja, contémplalo dentro de un espacio amplio de conciencia. Empleando una metáfora tradicional, imagínate echando una gran cucharada de sal en un vaso de agua y bebiéndotelo: ¡puaj! Luego imagínate agitando esa cucharada de sal en un gran bol de agua clara y bebiéndote un vaso: ahora ya no está tan mal. Es la misma cantidad de sal (la misma cantidad de dolor físico o mental) pero ahora está disuelta en un contexto más amplio. Observa tu conciencia: es como el cielo, el dolor pasa a través de ella como nubes de tormenta, sin mancillarla ni dañarla nunca. Trata de dejar que el dolor esté ahí sin reaccionar ante él; es un aspecto clave para la paz interior incondicional.

Observa los segundos dardos. Con frecuencia son mucho más fáciles de ver cuando son otros los que se tiran esos dardos a sí mismos. Piensa en cómo te los arrojas tú. Gradualmente lleva esa conciencia de los segundos dardos al momento presente, para que puedas ver cómo surge la inclinación de arrojarlos, y así podrás detener esa acción antes de que te vuelvas a herir a ti mismo otra vez.

Un segundo dardo suele activar una avalancha de reacciones mentales, como una piedra rodando montaña abajo pone en movimiento a otras en una reacción en cadena. Para detener el alud, empieza por relajar tu cuerpo lo mejor que puedas. Esto activará el lado parasimpático de tu sistema nervioso, calmante y relajante, y frenará la respuesta de lucha o huida del lado simpático.

Después intenta ver más aspectos de esa situación que te está causando problemas, y más de tu vida en general en esos días, especialmente de aquello que va bien. A causa de la inclinación a la negatividad, el cerebro estrecha su visión y se fija en lo negativo; por eso tienes que estimularlo para que amplíe su visión e incluya lo positivo. La gran imagen general a vista de pájaro también desactiva las redes neurales de la línea media que provocan ese segundo dardo de pensamientos negativos y estimula los circuitos del lado de tu cerebro que puede dejar que las cosas sean como son sin reaccionar a ellas.

No le eches más leña al fuego. No busques más razones para preocuparte, criticarte o sentirte maltratado. ¡No te enfades contigo por enfadarte contigo!

Cuando arrojas segundos dardos, tú eres la persona que más sufre. El dolor, mediano o considerable, de los segundos dardos es verdaderamente innecesario. Como se suele decir, el dolor es inevitable, pero el sufrimiento es opcional.

46

DEJA DE ESTAR ANSIOSO POR LA IMPERFECCIÓN

Hay «imperfecciones» por todas partes, entre ellas ropa sucia, malas hierbas, atascos de tráfico, lluvia en una excursión al campo, manchas de vino en la alfombra; heridas, enfermedad, invalidez, dolor; problemas, dificultades, obstáculos y pérdidas de todo tipo; objetos desportillados, deshilachados, destrozados; equivocaciones, errores, confusión, falta de claridad; guerra, hambre, pobreza, opresión, injusticia...

En resumen, una imperfección (tal y como yo la entiendo) es cualquier desviación de un ideal o estándar razonable (por ejemplo, que el perro se haga sus necesidades sobre tu zapato no es ideal, como tampoco lo es el hambre que aflige a una de cada seis personas en todo el mundo). Estas desviaciones del ideal tienen un coste, y es razonable hacer lo que puedas para paliar sus efectos.

Pero normalmente no nos conformamos con eso: nos volvemos *ansiosos* (incómodos, nerviosos, apurados, estresados) por la imperfección, en lugar de verla como un aspecto normal, inevitable y muy extendido de la vida. En lugar de lidiar con los hechos y situaciones tal y como son (malas hierbas, heridas, conflictos con otros) y simplemente solucionarlos lo mejor que podamos, nos quedamos atascados preocupándonos por lo que pueden significar, lamentándonos, sintiéndonos desalentados, volviéndonos prepotentes y críticos, echándonos la culpa a nosotros mismos y a los demás, pensando «¡ay de mí!» y, una vez más, decepcionados, maltratados y agraviados.

Estas reacciones a la imperfección son los principales segundos dardos (como has visto en el anterior capítulo). Te hacen sentir mal sin necesidad, dan lugar a todo tipo de problemas con los demás y dificultan en gran medida que puedas reaccionar de una forma inteligente.

Aquí está la alternativa: deja que la copa rota sea una copa rota, sin añadirle juicios, resistencia, culpa o preocupación.

CÓMO

Realiza los esfuerzos apropiados para mejorar las cosas, pero entiende que es imposible hacer algo perfecto; ni siquiera la tecnología más sofisticada es capaz de producir una mesa *perfectamente* plana. Simplemente no puedes conseguir que tu personalidad, tus pensamientos o tu comportamiento sean perfectos. Intentar que lo sean es como tratar de tostar la mantequilla. Tampoco puedes perfeccionar a los demás o al mundo. Admite este hecho: no puedes proteger por completo a tus seres queridos, eliminar todos los riesgos para tu salud o evitar que la gente cometa estupideces. Al principio admitir todo esto puede resultarte doloroso o triste, pero luego seguramente sentirás un soplo de aire fresco, una sensación de libertad y un aumento de energía para llevar a cabo que *puedes*, ahora que no estás abatido por la incapacidad de lograr la perfección.

Necesitamos estándares e ideales (desde la zona de *strike* en béisbol hasta las aspiraciones morales que nos señalan las enseñanzas sagradas) pero no debemos llevarlo todo al pie de la letra. De lo contrario, si nos los tomamos muy en serio, los «debes» se convertirán en tiranos que intentarán controlar nuestras vidas: «*Debes* hacer esto, hacer eso es *malo*». Ten cuidado con la excesiva rectitud, con creerte moralmente superior e intentar imponer tu visión de las cosas y de cómo tú, otras personas o el mundo entero habrían de comportarse. Averigua si tienes tendencia al perfeccionismo; yo la tengo, y es necesario que tenga cuidado con esto o de lo contrario me convertiré en una persona con la que es muy difícil vivir o trabajar, además de en un ser extremadamente infeliz.

Además, muchas cosas trascienden los estándares fijados. Por ejemplo, ¿podría haber algo como una rosa perfecta o una niña perfecta? En estos casos, la ansiedad por la imperfección es absurda, y esto se puede aplicar a intentar conseguir la perfección en un cuerpo, una carrera, unas relaciones, una familia, un negocio o una práctica espiritual. Cuida todos estos aspectos de tu vida, ayúdalos a dar frutos, pero abandona toda intención de hacerlos perfectos.

En esencia todas las condiciones, por imperfectas que sean, son perfectamente lo que son: la cama está perfectamente deshecha, la leche está perfectamente derramada... Al decir «perfectamente», no me refiero a un nivel moral o práctico (como si pudiera ser perfecto rajar una camisa o empezar una guerra); lo que quiero decir es que todas las condiciones son lo que son, no hay más. En este sentido, cualquiera que sea el caso (desde cambiar unos pañales y los pequeños problemas cotidianos hasta el cáncer o los accidentes de aviación), es el resultado en este instante del perfecto desarrollo de la totalidad del universo. Intenta ver ese desarrollo como un vasto, objetivo proceso dentro del cual nuestros deseos personales son tan importantes como lo es un poco de espuma para el océano Pacífico. Visto desde esta perspectiva, la perfección y la imperfección pierden todo el sentido como distinciones. Solamente existen cosas por derecho propio, sin nuestros adjetivos de bueno o malo, bonito o feo, perfecto o no. No hay ansiedad por las imperfecciones; solo simplicidad, franqueza, actividad y paz.

47

NO REACCIONES, RESPONDE

Para simplificar la explicación de una compleja travesía, tu cerebro evolucionó en tres fases:

❖ Reptil, pez: bulbo raquídeo, centrado en evitar el daño.
❖ Mamífero, ave: sistema límbico, centrado en acercarse a las gratificaciones.
❖ Humano: córtex, centrado en conectarse al «nosotros».

Tanto si eres un psicópata criminal como un santo, estos tres sistemas (evitar, acercarse, conectarse) están siempre funcionando. La clave es si están funcionando de una forma adecuada (la que promueve la felicidad y te beneficia a ti y a los demás) o de una forma inadecuada que ocasiona sufrimiento y daño.

¿Qué sucede en tu cerebro cuando estos sistemas funcionan de la forma adecuada (cuando te encuentras bien, o incluso «en la zona», sintiéndote realizado o creciendo espiritualmente? La respuesta es importante, porque entonces puedes estimular deliberadamente las redes neuronales que sostienen estos estados mentales positivos y de esta manera ir reforzándolas gradualmente.

Cuando la vida no te agobia (es decir, cuando te sientes seguro, satisfecho y amado), el sistema cerebral centrado en evitar los daños está en calma, el centrado en acercarse a la gratificación está satisfecho y el que busca la conexión con los demás siente afecto. Este es el modo de *respuesta* del cerebro, que te hace sentir bien, te calma y te nutre. Esa es tu casa, el estado de reposo de tu cerebro, y es realmente positivo que dispongas de ella.

El problema es que a través de la evolución también hemos desarrollado mecanismos de alerta instantánea que activan el modo *reactivo* del cerebro. Estos mecanismos nos sacan de nuestra casa en cuanto estamos estresados; sucedía así cuando se trataba del rugido de un leopardo hace millones de años y sigue sucediendo hoy día durante una cena cuando nos fijamos en un ceño fruncido en el otro extremo de la mesa. Cuando sientes la más mínima amenaza, el sistema centrado en evitar cambia su configuración para hacernos sentir *odio* (empleando un término fuerte y tradicional que abarca toda la gama que va desde el miedo hasta la ira); cuando estás frustrado o insatisfecho, el sistema de acercamiento se centra en la codicia (que transcurre entre el deseo y una intensa obsesión o adicción), y cuando te sientes aunque solo sea ligeramente rechazado o menospreciado, el sistema de conexión te hace sentir angustia (desde una herida leve hasta sufrimientos más profundos de abandono, impotencia o soledad).

El modo reactivo era fundamental para mantener vivos a nuestros ancestros en medio de la naturaleza, y todavía sigue siendo útil hoy en las situaciones urgentes y puntuales. Pero a largo plazo resulta pésimo para la salud y la felicidad. Cada vez que tu cerebro activa su modo reactivo (cada vez que te sientes presionado, preocupado, irritado, decepcionado, defraudado, excluido o triste), se pone en marcha la misma maquinaria de estrés que se desarrolló para escapar de los leones que nos perseguían o de las agresiones mortales por parte de otros primates o humanos.

En la mayor parte de las ocasiones activamos el modo reactivo (que literalmente te echa de tu casa) de forma leve o moderada. Pero estas ocasiones son frecuentes e incesantes en la vida de la mayoría de las personas, lo que nos transforma en una especie de sin techo en nuestro interior y provoca una sensación de desamparo que amenaza con convertirse en la forma normal de sentirnos. Además de hacerte sentir desgraciado, esto es perjudicial para tu salud física, ya que el estrés crónico ocasiona un debilitamiento del sistema inmunitario, dificulta la digestión, altera las hormonas e incrementa el riesgo de ataque cardiaco o infarto cerebral. El estrés desgasta también la salud mental, ocasionando pesimismo, melancolía, depresión, ansiedad, irritabilidad, «impotencia aprendida», encogerse, ir a lo seguro, soñar únicamente con pequeñas metas, y agarrarse fuertemente al «nosotros» y temer, o incluso desacreditar o atacar, al «ellos».

De manera que ya va siendo hora de que volvamos a casa.

CÓMO

Este libro está lleno de prácticas para conseguir tranquilidad, satisfacción y amor, y hay otros muchos buenos métodos en *El cerebro de Buda* y en los escritos y enseñanzas de otra mucha gente. De manera que no voy a enfocarme aquí en ninguna manera determinada de activar el modo de respuesta de tu cerebro. La clave radica en transformar en prioridad el hecho de sentirte bien, de buscar cada día nuevas oportunidades para estar en paz, ser feliz y amar, y usar todos los momentos que puedas para impregnarte de bienestar.

Porque ahora viene lo mejor: cada vez que te relajas en el modo de respuesta del cerebro, se hace más fácil volver a casa. Y esto es así porque «las neuronas que se activan juntas quedan conectadas entre sí»: estimular los sustratos neurales de calma, satisfacción y amor los refuerza. Además, logra que sea más difícil que te saquen de casa; es como alargar la quilla de tu barco mental para que, no importa lo fuertes que sean los vientos de la vida, sigas manteniéndote derecho, no vuelques y continúes avanzando hacia el faro de tus sueños.

Lo maravilloso de esto es que los fines del viaje de la vida (estar en paz, feliz, amar y sentirte amado) se convierten en los medios para llegar allí. En lugar de sudar sangre para recorrer tu camino hacia la cumbre, vuelves a casa, al prado que es el estado natural de tu cerebro, nutriendo, expandiendo y embelleciendo cada uno de los minutos que pasas allí. Porque, como dicen en el Tíbet, «si te ocupas de los minutos, los años se ocuparán de sí mismos».

48

NO TE LO TOMES COMO ALGO PERSONAL

L o que viene a continuación es una parábola adaptada a
nuestros tiempos del antiguo maestro taoísta Chuang-
Tzu: imagina que es domingo y estás en una canoa, haciendo
una excursión por un río caudaloso con un amigo. De re-
pente sientes un fuerte golpe en un lado de la embarcación
y se vuelca. Sales a la superficie maldiciendo, y ¿qué ves? Alguien se había acercado por detrás, había volcado la canoa
para gastarte una broma y ahora se está riendo de ti. ¿Cómo
te sientes?

De acuerdo. Ahora imagina la misma situación una vez
más: la excursión, el golpe fuerte, caer en el río, salir a la superficie maldiciendo, y ¿qué ves? Un gran tronco sumergido
ha sido arrastrado por la corriente y ha golpeado la canoa.
Esta vez, ¿cómo te sientes?

Los hechos son los mismos en ambos casos: empapado
de agua fría y la excursión arruinada. Pero cuando piensas
que alguien te ha elegido a ti *personalmente* para gastarte la
broma, lo más probable es que te sientas peor. La cuestión es
que la mayoría de lo que choca con nosotros en la vida (entre

otras cosas las reacciones emocionales de los demás, los atascos de tráfico, la enfermedad o los abusos en el trabajo) es como un tronco impersonal puesto en movimiento río arriba por diez mil causas distintas.

Digamos que un día, sin venir a cuento, un amigo se muestra extremadamente crítico contigo. Duele, por supuesto, y querrás hacer algo al respecto, desde hablar del asunto con tu amigo hasta romper la relación con él.

Pero piensa en lo que puede haber causado que esa persona choque contigo: una malinterpretación de tus acciones, problemas de salud, dolor, preocupación o ira acerca de algo relacionado contigo, temperamento, personalidad, experiencias de la niñez, los efectos de la cultura, la economía o los incidentes mundiales y otras muchas causas que van río arriba en el tiempo, como la manera en que sus padres fueron educados.

Reconoce esta maravillosa verdad que nos da una lección de humildad: la mayor parte del tiempo somos meros espectadores en los dramas de los demás.

Cuando miras las cosas de esta manera, de forma natural te tranquilizas, pones las situaciones en contexto y dejas de pensar que el mundo entero gira alrededor de tu persona. Después te sientes mejor, además de verlo todo más claro para poder decidir lo que hacer.

CÓMO

Para empezar, sé comprensivo contigo mismo. Que te golpee un tronco es bastante desagradable. Y emprende la acción adecuada. Permanece atento a los troncos que vengan en tu dirección, trata de reducir su impacto y repara tu «canoa» (salud, relaciones, economía, carrera) lo mejor que puedas. ¡Y quizá sería aconsejable que empezaras a pensar en buscar otro río!

En adición a esto:

* Nota cuándo empiezas a tomarte algún incidente de forma personal. Sé consciente de cómo te sientes, y fíjate también en tus sentimientos cuando empiezas a relajar un poco esa sensación de que se trata de algo personal.
* Ten cuidado a la hora de hacer suposiciones sobre las verdaderas intenciones de otras personas. Puede que no lo hicieran «a propósito». O quizá había una intención no demasiado buena mezclada con otra docena de intenciones.
* Piensa en algunas de las diez mil causas que podrían existir corriente arriba. Pregúntate a ti mismo: «¿Qué más podría haber en juego aquí? ¿Qué estaría pensando (esa persona) y qué estaría sucediendo en su vida?».
* Ten cuidado de no obsesionarte con tu «pleito» contra los demás, empujado por una especie de inquisidor interno que sigue machacando una y otra vez con lo equivocados que están, lo que dijeron, lo injusto que fue lo que hicieron, cómo la tomaron contigo, el daño tan grande que te han infligido, lo que te han hecho sufrir, etc. Es positivo ver a los demás claramente, y hay un momento en el que resulta adecuado hacer un juicio moral de otra persona, pero emprender una campaña contra ella es caer en una obsesión que te hace sentir peor y te

lleva a reaccionar de forma desproporcionada y a empeorar los problemas.

❖ Trata de ser comprensivo con los demás. Es muy probable que también tengan sus problemas. Ser comprensivo no te va a hacer más débil ni permitirá que se salgan con la suya; lo que sí logrará es que te sientas mejor.

❖ Intenta hacer el experimento de relajar en la medida de lo posible la presión que ejerce en tu vida el sentido de la identidad (el yo). Por ejemplo, nota la diferencia entre «hay un sonido» y «estoy oyendo» o entre «hay pensamientos» y «estoy pensando». Observa cómo el sentido de identidad retrocede y fluye, por lo general volviendo a aumentar cuando hay problemas que resolver y disminuyendo cuando sientes tranquilidad y bienestar. Esta fluidez del «yo» en la mente se corresponde con las activaciones dinámicas y fugaces del cerebro; los pensamientos relacionados con el ser, la identidad, se van formando a lo largo de todo el cerebro, empujando a otros pensamientos, que no tienen relación con el ser, en los sustratos neurales de la corriente de pensamiento (Gillihan y Farah 2005; Legrand y Ruby 2009). Aprecia el hecho de que «yo» sea en realidad un proceso más que una capacidad: el proceso de crear un «ser» con tu pensamiento. Disfruta la tranquilidad y la apertura que surgen cuando el sentido de la identidad se desvanece.

Y sumérgete en la intensa sensación de fuerza y calma que aparece cuando aprendes a dejar de tomarte las cosas como algo personal.

49

SIÉNTETE MÁS SEGURO

Plantéate estos dos errores:

1. Piensas que hay un tigre entre la maleza, pero en realidad no lo hay.
2. Piensas que no hay un tigre entre la maleza, pero en realidad hay uno y está a punto de atacar.

La mayoría de las personas comete el primer error con mucha más frecuencia que el segundo, por varias razones:

❖ La evolución nos ha dotado de un cerebro ansioso. Con objeto de sobrevivir y pasar los genes, es preferible cometer el primer error mil veces en lugar de cometer el segundo una sola vez: el coste del primer error es un miedo irracional, pero el coste del segundo podría ser la muerte.

❖ Esta tendencia general del cerebro humano viene agravada por el temperamento (algunas personas son por naturaleza más ansiosas que otras) y por las experiencias vitales (por ejemplo, crecer en un barrio peligroso o sufrir un trauma).

❖ La saturación de los medios de comunicación, con sus noticias acerca de asesinatos, desastres naturales, crisis económica y en general hechos horribles que suceden en todo el mundo, se filtra en tu mente, aunque es probable que tu situación y la del lugar en el que vives sean mucho menos peligrosas.

❖ Utilizando tácticas que se han venido repitiendo a lo largo de toda la historia, los grupos políticos tratan de ganar poder exagerando las supuestas amenazas.

De hecho, la mayoría de nosotros caemos en algo que he dado en llamar «paranoia del tigre de papel».

Ciertamente es importante reconocer que en la vida hay tigres de verdad, que se presentan con diferentes formas y tamaños: quizá un despido inminente en el trabajo, un resfriado que no termina de curarse, un adolescente sembrando marihuana en el ático, un amigo o compañero de trabajo que está todo el tiempo defraudándote o los riesgos que fumar tiene para la salud. Intenta darte cuenta de cualquier tendencia que tengas a ignorar o quitarles importancia a los tigres y haz lo que puedas con los que son reales.

Mientras tanto trata de descubrir las formas en las que (al igual que la mayor parte de las personas) sueles sobrestimar las amenazas al mismo tiempo que infravaloras los recursos que hay en ti y a tu alrededor. La verdad es que *la mayoría de nosotros nos sentimos mucho menos seguros de lo que en realidad estamos*. Esto da lugar a preocupación y ansiedad, a refugiarnos y no llegar tan alto como podríamos, a enfermedades relacionadas con el estrés, a una menor capacidad para ser paciente y generoso con los demás y a una mayor tendencia a ser irascible o a enojarse (el motor de casi toda la agresividad es el miedo). ¡No resulta positivo sentirte como si estuvieras siempre en alarma roja! En lugar de esto, siéntete tan seguro como sea razonable sentirse.

CÓMO

A algunas personas la idea de sentirse más seguras les hace ponerse nerviosas. Y esto es comprensible, ya que en esos momentos en cuando bajas la guardia y eres más propenso a que te hagan daño. Si eres una de esas personas, adapta las sugerencias que encontrarás aquí a tus propias necesidades, ve a tu propio ritmo y si lo consideras necesario, habla con un amigo o consejero.

Por otro lado, no existe una seguridad total en esta vida. Todos, más tarde o más temprano, nos enfrentamos a la enfermedad, la vejez y la muerte, además de a otras experiencias más leves pero también dolorosas. Y muchos de nosotros vivimos rodeados de inseguridad en nuestra comunidad, lugar de trabajo o incluso dentro de nuestra propia casa.

Una vez dicho esto, plantéate si te mereces o no sentirte más seguro: si estás más reforzado ante la vida, protegido, prudente, ansioso, paralizado, dócil, rígido o enojado de lo que realmente necesitas.

Si la respuesta es sí, aquí encontrarás algunas maneras de ayudarte a sentirte más seguro, para que una sensación creciente de calma y seguridad te vaya acercando gradualmente a la verdadera realidad que te circunda:

* Recuerda la sensación de estar con alguien que de verdad te quiere.
* Recuerda un momento en el que te sentiste fuerte.
* Date cuenta de que estás en un lugar seguro.
* Mentalmente haz una lista con los recursos que tienes dentro de ti y a tu alrededor con los que puedes contar para enfrentarte a lo que la vida te depare.
* Respira unas cuantas veces soltando el aire *leeeentamente* y relájate.
* Date permiso para sentirte más protegido, apoyado, capaz y seguro. Y menos vigilante, tenso o miedoso.
* Fíjate en cómo te sientes cuando estás más seguro, y deja que esas sensaciones positivas se asienten en tu interior, para que en el futuro puedas recordarlas en tu cuerpo y volver a ellas.

Puedes practicar los métodos señalados arriba de varias formas, por ejemplo por las mañanas además de varias veces al día cuando te sientas asustado. Hazlo también en situaciones perturbadoras como antes de hablar en público, cuando estás conduciendo, al subir a un avión o mientras discutes un asunto espinoso con tu pareja. Estar de tu parte te ayuda a sentirte, como mínimo, un poco más seguro, y quizá mucho más. Fíjate en qué sucede cuando lo hagas. Y vuelve a practicarlo una y otra vez si, como suele suceder, las cosas terminan arreglándose.

Y realmente, después de todo, no hay ningún tigre entre la maleza.

50

LLENA EL AGUJERO DE TU CORAZÓN

Conforme crecemos y atravesamos la etapa adulta, todos tenemos necesidades normales de seguridad, satisfacción y amor. Por ejemplo, los niños necesitan sentirse seguros, los adolescentes necesitan sentir cada vez más autonomía y los jóvenes necesitan sentirse atractivos, capaces de inspirar amor y pasión. Cuando satisfacemos estas necesidades por medio de varios «proveedores» (como el cuidado de un padre, la confianza de un maestro, el amor de una pareja), las experiencias positivas a que dan lugar se asientan en la memoria y se convierten en recursos para el bienestar, la autorregulación, la resiliencia y la autoestima, para realizar la acción adecuada. Así es como el desarrollo psicológico sano debería funcionar.

Pero no siempre lo hace así, ¿verdad? En la vida de la mayoría de las personas (incluso sin que se dé ningún tipo de maltrato, trauma o abuso significativo), la corriente de suministros que recibimos suele interrumpirse en ocasiones o reducirse a su mínima expresión: quizá tus padres estaban ocupados cuidando a un hermano enfermo o preocupados por sus propias necesidades y conflictos, te mudaste varias veces cuando eras niño y te costó mucho trabajo conectar con los compañeros, el instituto se convirtió en algo más que la pesadilla social que suele ser, las chicas que te gustaban no te hacían caso, tu trabajo siempre ha sido frustrante y desalentador o... en fin, una vida normal.

La escasez en la corriente de suministros deja como resultado *carencias*, faltas, de recursos clave internos. Por ejemplo, en la escuela yo era un año o dos menor que mis compañeros de clase, por lo que siempre me sentí algo excluido del grupo y poco valorado por los otros niños, y esto a su vez me llevó a una falta de seguridad y autoestima cuando me encontraba en algún grupo que fui arrastrando hasta la edad adulta. Es natural que la ausencia de hechos y situaciones positivos tenga consecuencias.

Lo mismo que las tiene la presencia de hechos y situaciones negativos. Los momentos duros (en los que hay pérdidas, maltrato, rechazo, abandono, desgracias, trauma...) causan *heridas*. A veces sanan del todo, con frecuencia debido a que se restablece un flujo abundante de suministros. Pero en muchas ocasiones no lo hacen, dejándonos huecos de dolor emocional sin resolver, como pus bajo una cicatriz, bajo una costra, al tiempo que afectan al funcionamiento de una persona, como una cojera de por vida de un tobillo fracturado que nunca llegó a curarse por completo.

Una carencia o una herida te deja un «agujero en el corazón» que se hace más profundo cuando a esa herida se añade otra. Por ejemplo, recuerdo con claridad la ocasión en que una chica muy popular en el instituto me despreció; en sí mismo no fue un golpe tan fuerte, pero mis años de aislamiento social me habían dejado sin defensas ni protección de ningún tipo para aguantar el impacto. Y esto hizo que me sintiera fatal durante muchísimo tiempo después del incidente.

¿Qué es lo que puedes hacer con tus propias carencias y heridas? Porque las tienes, como las tenemos todos. La vida por sí misma puede sanarte. El tiempo va pasando y pone cada vez más distancia entre tú y el descarrilamiento de tren de tus primeros años de infancia, sexto curso, tu primer gran amor, tu último trabajo o matrimonio, o cualquier cosa, y vas avanzando hacia un lugar mejor. Pero este enfoque fundamentalmente pasivo de dejarte llevar por la vida con frecuencia no resulta suficiente para una verdadera sanación, es demasiado lento, no llega lo bastante hondo o faltan algunos ingredientes clave.

Y entonces necesitas hacer algo para llenar ese agujero que hay en tu corazón.

CÓMO

En esencia es muy simple: *aprecia lo bueno* (capítulo 2) especialmente las que tienen relación con esas heridas y carencias. Es como ser un marinero con escorbuto: necesitas vitamina C (no vitamina E) para lo que te aflige. Por ejemplo, de niño yo me sentía protegido y al mismo tiempo independiente; por eso al llegar a adulto las experiencias de seguridad y autonomía (aunque valiosas en sí mismas) no me ayudaban con mi problema: yo necesitaba un determinado bálsamo curativo de experiencias de inclusión y respeto en los grupos.

Por consiguiente es importante saber cuál es tu propia vitamina C (y a veces una persona necesita más de un tipo). Quizá ya lo sabes, pero si no, aquí tienes algunas preguntas que te ayudarán a descubrirla. En el momento en que tus carencias y tus heridas se desarrollaron, ¿qué es lo que lo habría cambiado todo, lo que te habría encantado que hubiese sucedido? Y hoy día, ¿cuál es tu mayor deseo? ¿Qué condiciones te ayudan a sentirte verdaderamente feliz y sacan a relucir lo mejor que tienes? ¿Qué tipo de experiencias alimentan y apaciguan esa hambre interna?

Más específicamente aquí tienes una relación de algunas experiencias curativas («vitaminas») dirigidas a ciertas carencias y heridas, organizadas en los términos de los tres sistemas de motivación de tu cerebro:

	CARENCIA, HERIDA	VITAMINA
Evitar daños	Debilidad, impotencia	Fuerza, eficacia
	Alarma, ansiedad	Seguridad, protección
	Resentimiento, ira	Comprensión hacia uno mismo y hacia los demás
Buscar recompensas	Frustración, decepción	Satisfacción, plenitud
	Tristeza, descontento, «bajón»	Alegría, gratitud
Aferrarse al «nosotros»	Ignorado, rechazado, excluido	Estar en sintonía, inclusión
	Incapacidad, vergüenza	Reconocimiento, agradecimiento
	Abandono, sentirse no querido	Amistad, amor

Una vez que tengas claridad sobre las vitaminas psicológicas que necesitas, el resto es fácil:

❖ Busca estas vitaminas en tu vida; además haz lo que puedas por incrementarlas. Por ejemplo, yo siempre estoy buscando oportunidades de sentirme querido y apreciado en los grupos, y aparte me animo a unirme a ellos para crear esas oportunidades.

❖ La vitamina que necesitas es una *sensación*, no un incidente. El punto de las situaciones en las que te encuentras protegido, apreciado o tienes éxito es que te sientes seguro, pleno y valioso. Esto es esperanzador porque te ofrece muchas formas de evocar experiencias clave. Por ejemplo, si sentir que le importas a la gente es lo que tapa el agujero de tu corazón, podrías buscar muestras de que los demás te desean lo mejor, tanto si es la sonrisa de alguien que te está preparando un sándwich en un bar como los ánimos de un compañero de trabajo o el abrazo de tu pareja; piensa en las muchas personas que hay en tu vida, hoy, o en tu pasado, a quienes les gustas y te aprecian; pídele a tu pareja que sea más cariñosa (muéstrate dispuesto a escuchar qué es lo que le ayudaría a serlo); trata de desarrollar más relaciones con personas que son naturalmente afectuosas y comprensivas.

❖ Olvídate del todo o nada: a veces hay que estar dispuesto a conformarse con un trozo de la tarta. Por ejemplo, si acabas un proyecto que te ha costado mucho trabajo, céntrate en la sensación de triunfo por todo lo que has hecho en lugar de en esos detalles que no han salido como esperabas; si un amigo es cariñoso y fiel, siente que le importas y aprecia este sentimiento aunque lo que de verdad quieras es que te ame.

❖ Y ahora, usando los pasos segundo y tercero de *apreciar lo bueno* (capítulo 2), saborea realmente la experiencia positiva durante diez o más segundos cada vez sintiendo cómo se va asentando en tu interior, dándote lo que siempre has necesitado.

❖ Ten confianza en que cada vez que hagas esto estarás grabando esos recursos en tu cerebro. Cuando yo empecé a practicarlo, a los veintipocos años, el agujero que había en mi corazón parecía la obra para los cimientos de un rascacielos. Pero empecé a arrojar cada día unos cuantos ladrillos (unas cuantas experiencias de sentirme incluido, de pertenecer) en ese agujero. Un solo ladrillo apenas se nota, pero ladrillo tras ladrillo, día tras día, año tras año, ¡te aseguro que puedes llegar a tapar el agujero más grande que haya en tu corazón!

51

DESPRÉNDETE

He practicado mucho la escalada; ¡por eso sé por experiencia lo importante que es a veces no desprenderse! Y esto se puede aplicar también a otras situaciones: mantener agarrada la mano de un niño al cruzar la calle, o mantener la atención en tu respiración mientras meditas, por ejemplo.

Por otro lado, piensa en todas esas cosas (físicas y no físicas) a las que nos apegamos y que tantos problemas nos crean: la casa abarrotada, los «debería», la rigidez en las opiniones, los resentimientos, los arrepentimientos, el estatus, la culpa, la resistencia a los hechos que tenemos enfrente, la necesidad de «estar a la altura» de los demás, el pasado, la gente que ya no está con nosotros, los malos hábitos, los invitados indeseables, las relaciones insatisfactorias, etc.

Soltar puede significar varias cosas: desprenderse del dolor, de pensamientos, palabras y obras que nos dañan y hacen sufrir; ser flexible en lugar de quebrarse; aceptar las cosas como son; permitir que cada momento pase sin intentar aferrarse a él; aceptar la naturaleza transitoria de la existencia, y relajar tu sentido de identidad y abrirte a un mundo más amplio.

Vivir así es relajante, disminuye altercados y conflictos, reduce el estrés, mejora el estado de ánimo y el bienestar, y te enraíza en la realidad tal y como es. Y también puede constituir un elemento clave de la práctica espiritual. Citando a Ajahn Chah, un importante maestro budista que vivió en Tailandia:

Si te desprendes de un poco, tendrás un poco de felicidad.
Si te desprendes de mucho, tendrás mucha felicidad.
Si te desprende de todo, serás completamente feliz.

CÓMO

Aprecia la sabiduría que existe en relajarse, en dejarse llevar, y nota cualquier resistencia a hacerlo. Puede que te parezca una debilidad o una tontería, o que vaya contra la mentalidad de tu género o la educación que has recibido. Por ejemplo, me acuerdo de haber hablado con mi amigo John hace años acerca de una mujer que le gustaba, que le dijo claramente que no tenía nada que hacer. Él se sentía frustrado y dolido. Le dije que quizá lo que necesitaba hacer era rendirse y pasar página, a lo cual John respondió enfurecido:

—Yo no me rindo.

Le costó mucho superar esa creencia de que rendirse (aceptar, olvidar) significa que te has acobardado. (Todo terminó felizmente con una gran borrachera en la que me vomitó en el zapato, ¡a lo que tuve que rendirme!) Hace falta ser fuerte para desprenderte de algo que crees necesitar, y madurez, carácter y mucha inteligencia. Cuando te desprendes de algo eres como un sauce, flexible y resiliente, que se dobla ante la tormenta. La sobrevivirá, al contrario que el rígido roble, que termina roto y derribado.

Sé consciente de las veces que te desprendes de cosas espontáneamente a lo largo del día, por ejemplo soltar algún objeto que tenías en la mano, colgar el teléfono, pulsar «enviar» al terminar un correo electrónico, ir de un pensamiento o un sentimiento a otro, decirle adiós a un amigo, cambiar de planes, usar el baño, cambiar el canal de televisión o sacar la basura. Nota que soltarse es una acción positiva, que sigues funcionando después de hacerlo, que es necesario y beneficioso. Siéntete más cómodo con la idea de soltar.

De una forma consciente empieza a desprenderte de la tensión que hay en tu cuerpo. Espira con exhalaciones lentas y largas, activando el sistema nervioso parasimpático, con sus efectos relajantes. Suelta la tensión que tienes en el estómago, los hombros, la mandíbula y los ojos.

Despréndete de aquello que no usas o no necesitas. Aprecia la agradable sensación de tener espacio en el armario, cajones o garaje.

Elige una idea tonta que hayas mantenido durante mucho tiempo; para mí sería la de que hay que hacer las cosas perfectamente o de lo contrario sucederá un desastre. Practica el hecho de soltar esta idea y reemplazarla con otras mejores (en mi caso: «Nadie es perfecto y eso está bien»).

Elige una queja, rencor o resentimiento, y decídete a olvidarlo y seguir adelante. Esto no implica en absoluto que los demás se libren de su responsabilidad, sino que has decidido dejar de estar amargado por lo que te haya ocurrido. Si todavía siguen surgiendo sentimientos de dolor, reconócelos, sé comprensivo contigo mismo e invita amablemente a estos sentimientos a que desaparezcan de tu vida.

Desprenderse de emociones dolorosas es un tema complejo, pero puedes encontrar muchos recursos para hacerlo en libros como *Focusing*, de Eugene Gendlin, o *What We May Be*, de Piero Ferrucci. Aquí tienes un resumen de mis métodos preferidos: relajar el cuerpo, imaginar que las emociones brotan de ti como si fueran agua, desahogarte en una carta que no mandarás o gritando en algún lugar apropiado, contárselo todo a un buen amigo, y apreciar las emociones positivas para relajarte y reemplazar gradualmente con ellas las negativas.

En general, disfruta de lo agradable sin aferrarte a ello; deja pasar lo desagradable sin resistirte a ello, permite que algunas cosas sean neutrales sin intentar que sean agradables. Esta actitud de desprendimiento deshace el ansia y el apego que tanto daño y sufrimiento nos causan.

Despréndete de la persona que solías ser. Permítete aprender, crecer y cambiar.

Despréndete de cada momento conforme desaparece bajo tus pies. Tan pronto como eres consciente de él ya ha desaparecido, como un copo de nieve que se derrite en el mismo momento en que ves su forma. Puedes permitirte instalarte en el desprendimiento gracias al milagro (que la ciencia aún no ha podido explicar) de que el próximo momento emerge tan pronto como se desvanece el anterior, y todo esto ocurre sin cesar dentro de la infinitamente minúscula duración del ahora.

52

AMA

Todos deseamos *recibir* amor. Pero quizá viene de una forma que no es la que queríamos (por ejemplo, puede que alguien te ofrezca su amor cuando no era eso lo que buscabas) o, simplemente, no viene. Y entonces aparecen el dolor y la impotencia; no puedes obligar a nadie a quererte.

Por supuesto, está muy bien que hagas lo que esté en tu mano para conseguir el amor que necesitas. Pero la práctica que voy a enseñarte se centra en expresar amor, no en recibirlo. Cuando te enfocas en el amor que das en lugar de en el que recibes, te conviertes en la causa y dejas de ser el efecto. Eres la bola blanca que golpea a las otras bolas de billar. Y esto potencia tu sensación de eficacia y seguridad en ti mismo, además de elevar tu estado de ánimo. En cierto modo es una especie de «egoísmo iluminado». La mejor manera de conseguir amor es dándolo. Incluso si no es correspondido, tu amor mejorará la relación y ayudará a calmar las tensiones.

A veces la gente se preocupa de que dar amor los desgaste o les haga vulnerables. Pero en realidad puedes ver por tu propia experiencia que el amor en sí no hace nada de esto, sino que te protege y te nutre cuando lo estás dando. ¿Te has dado cuenta de que mientras amas te sientes más fuerte y animado?

Esto es así porque el amor forma parte de nuestra naturaleza más profunda, literalmente está tejido en nuestro ADN. Conforme nuestros ancestros evolucionaban, las semillas del amor en los primates y homínidos (como la conexión madre e hijo, la formación de parejas, las habilidades del lenguaje y el trabajo en equipo) ayudaron a la supervivencia; por eso los genes que promovían estas características fueron pasando de generación en generación. Se dio lugar a un círculo positivo. Conforme «la aldea que se necesita para criar a un niño» evolucionó y se fortaleció, el periodo vulnerable de la niñez se fue alargando, y el cerebro también evolucionó y se agrandó para poder emplear esa niñez más extensa, y así desarrolló una mayor capacidad para el amor. El cerebro prácticamente ha triplicado su tamaño desde que los homínidos empezaron a fabricar herramientas de piedra hace alrededor de dos millones y medio de años, y mucho de esta nueva configuración neural está dedicada al amor y a capacidades relacionadas con él.

Necesitamos dar amor para sentirnos saludables y plenos. Si reprimes tu amor, reprimes la totalidad de tu ser. El amor es como el agua: necesita fluir; de lo contrario, se repliega sobre sí mismo y termina estancándose y pudriéndose. Mira el rostro de alguna persona que rebose amor: es hermoso, ¿verdad? Dar amor sana las viejas heridas en nuestro interior y abre inexplotadas reservas de energía y talento. Además, es una senda profunda hacia el despertar y juega un papel central en las principales tradiciones religiosas que existen.

El mundo necesita tu amor. Las personas con las que vives y trabajas lo necesitan, además de tu familia y amigos, la gente cerca o lejos de ti y la totalidad de este planeta maltratado. ¡Nunca subestimes las ondas que puede desencadenar una simple palabra, un pensamiento o una obra de amor!

CÓMO

El amor es tan natural como la respiración, y lo mismo que ella puede quedar constreñido. Quizá tengas que aprender a soltarlo, fortalecerlo y ayudarle a fluir libremente con métodos como estos:

❖ Recuerda la sensación de estar con alguien que te quiere, revívela en tu mente y abre tu conciencia para sentir en profundidad todo ese cariño. Deja que te inunde este sentimiento, que te caliente el corazón y dulcifique el rostro. Adéntrate en esta vivencia. No pasa nada si te surgen pensamientos que la contradigan (por ejemplo, rechazo); obsérvalos un momento y luego vuelve a sentirte querido. Así irán entrando en calor los circuitos neurales que te permiten dar amor.

❖ Siente el área alrededor de tu corazón, y piensa en aquello que evoque sentimientos profundos, como gratitud, compasión o bondad. Para traer la armonía a los minúsculos cambios en el intervalo entre latidos, respira haciendo que tus exhalaciones e inhalaciones tengan la misma duración; inhalar acelera el ritmo cardiaco mientras que exhalar lo vuelve más lento. Entre el corazón y el amor hay una conexión que va más allá de lo meramente metafórico;

los sistemas cardiovascular y nervioso se entrelazan en tu cuerpo como los dedos de unos amantes, y prácticas como estas alimentarán un bienestar incondicional en tu interior y te harán más cariñoso con los demás.

❖ Fortalece estos sentimientos de amor mandando buenos pensamientos a los demás, como: «Te deseo lo mejor. Que no sientas dolor. Que estés en paz. Que vivas bien». Si te sientes molesto con alguien, puedes incluir estas reacciones en tu conciencia al tiempo que añades pensamientos de amor como: «Estoy enfadado contigo y no dejaré que vuelvas a hacerme daño, y aun así espero de corazón que seas feliz y tengas suerte».

Existe la noción de que amar intencionalmente a alguien hace que ese amor sea poco menos que falso, o de segunda categoría. Pero en realidad amar de forma voluntaria es amar doblemente. El amor que encuentras es auténtico y el esfuerzo para evocar este sentimiento constituye en sí un gesto profundamente amoroso.

Para amar hay que tener *coraje*, término cuya raíz deriva de «corazón». En la montaña he vivido situaciones muy complicadas, y sin embargo pasé mucho más miedo justo antes de declararme a mi primera novia. Hace falta coraje para dar un amor que puede no ser correspondido, para amar sabiendo que algún día inevitablemente tendrás que separarte de todo lo que amas, para entregarte sin reservas al amor y darlo todo.

A veces me pregunto: «¿Soy lo bastante valiente para amar?». Cada nuevo día nos trae muchas oportunidades de hacerlo.

Si eliges solamente una cosa de este libro de prácticas, deja que sea el amor.

BIBLIOGRAFÍA

Baumeister, R., E. Bratlavsky, C. Finkenauer y K. Vohs. 2001. «Bad is stronger than good». *Review of General Psychology,* 5: 323-370.

Berridge, K. C. y T. E. Robinson. 1998. «What is the role of dopamine in reward: hedonic impact, reward learning, or incentive salience?». *Brain Research Reviews,* 28: 309-369.

Davidson, R. J. 2004. «Well-being and affective style: Neural substrates and biobehavioural correlates». *Philosophical Transactions of the Royal Society,* 359: 1395-1411.

Dusek, J. A., H. H. Out, A. L. Wohlhueter, M. Bhasin, L. F. Zerbini, M. G. Joseph, H. Benson y T. A. Libermann. 2008. «Genomic counter-stress changes induced by the relaxation response». *PLoS ONE,* 3: e2576.

Farb, N. A. S., Z. V. Segal, H. Mayberg, J. Bean, D. McKeon, Z. Fatima y A. Anderson. 2007. «Attending to the present: Mindfulness meditation reveáis distinct neural modes of self-reference». *Social Cognitive and Affective Neuroscience,* 2: 313-322.

Gillihan, S. J. y M. J. Farah. 2005. «Is self special? A critical review of evidence from experimental psychology and cogni-tive neuroscience». *Psychological Bulletin,* 131: 76-97.

Goetz, J. L., D. Keltner y E. Simon-Thomas. 2010. «Compassion: An evolutionary analysis and empirical review». *Psychological Bulletin,* 136: 351-374.

Gottman, J. 1995. *Why Marriages Succeed or Fail: And How You Can Make Yours Last.* Nueva York: Simon and Schuster.

Gu, Y., J. W. Nieves, Y. Stern, J. A. Luchsinger y N. Scarmeas. 2010. «Food combination and Alzheimer disease risk: A protective diet». *Archives of Neurology,* 67: 699-706.

Guerrero-Beltran, C. E., M. Calderón-Oliver, J. Pedraza-Chaverri y Y. I. Chirino. 2010. «Protective effect of sulforaphane against oxidative stress: Recent advances». *Experimental and Toxicologic Pathology.* 1 de diciembre.

James, W. 1890. *The Principies of Psychology* (vol. 1). Nueva York: Henry Holt.

Kabat-Zinn, J. 2003. «Mindfulness-Based Interventions in Context: Past, Present, and Future». *Clinical Psychology: Science and Practice,* 10: 144-156.

Kabat-Zinn, J., Lipworth, L. y Burney, R. 1985. «The clinical use of mindfulness meditation for the self-regulation of chronic pain». *Journal of Behavioral Medicine,* 8: 163-190.

Krikorian, R., M. D. Shidler, T. A. Nash, W. Kalt, M. R. Vinqvist-Tymchuk, B. Shukitt-Hale y J. A. Joseph. 2010. «Blueberry supplementation improves memory in older adults». *Journal of Agriculture and Food Chemistry,* 58: 3996-4000.

Kristal-Boneh, E., M. Raifel, P. Froom y J. Ribak. 1995. «Heart rate variability in health and disease». *Scandinavian Journal of Work, Environment, and Health,* 21: 85-95.

Lazar, S., C. Kerr, R. Wasserman, J. Gray, D. Greve, M. Treadway, M. McGarvey, B. Quinn, J. Dusek, H. Benson, S. Rauch, C. Moore y B. Fischl. 2005. «Meditation experience is associated with increased cortical thickness». *NeuroReport,* 16: 1893-1897.

Leary, M., E. Tate, C. Adams, A. Alien y J. Hancock. 2007. «Self-compassion and reactions to unpleasant self-relevant events: The implications of treating oneself kindly». *Journal of Personality,* 92: 887-904.

Legrand, D. y P. Ruby. 2009. «What is self-specific? Theoretical investigation and critical review of neuroimaging results». *Psychological Review,* 116: 252-282.

Maguire, E., D. Gadian, I. Johnsrude, C. Good, J. Ashburner, R. Frackowiak y C. Frith. 2000. «Navigation-related structural change in the hippocampi of taxi drivers». *Proceedings of the National Academy of Sciences,* 97: 4398-4403.

Maier, S. F. t L. R. Watkins. 1998. «Cytokines for psychologists: Implications of bidirectional immune-to-brain communication for understanding behavior, mood, and cognition». *Psychological Review,* 105: 83-107.

McCullough, M. E., S. D. Kilpatrick, R. A. Emmons y D. B. Larson. 2001. «Is gratitude a moral affect?», *Psychological Bulletin,* 127: 249-266.

Neff, K. D. 2009. «Self-Compassion», en M. R. Leary y R. H. Hoyle, eds., *Handbook of Individual Differences in Social Behavior* (pp. 561-573). Nueva York: Guilford Press.

Niedenthal, P. 2007. «Embodying emotion». *Science,* 316: 1002.

Nimitphong, H. y M. F. Holick. 2011. «Vitamin D, neurocognitive functioning and immunocompetence». *Current Opinion in Clinical Nutrition and Metabolic Care,* 14: 7-14.

Pecina, S, K. S. Smith y K. C. Berridge. 2006. «Hedonic hot spots in the brain». *The Neuroscientist,* 12: 500-511.

Rondanelli, M., A. Giacosa, A. Opizzi, C. Pelucchi, C. La Vecchia, G. Montorfano, M. Negroni, B. Berra, P. Politi y A. M. Rizzo. 2010. «Effect of omega-3 fatty acids supplementation on depressive symptoms and on health-related quality of life in the treatment of elderly women with depression: A double-blind, placebo-controlled, randomized clinical trial». *Journal of the American College of Nutrition,* 29: 55-64.

Rozin, P. y E. B. Royzman. 2001. «Negativity bias, negativity dominance, and contagion». *Personality and Social Psychology Review,* 5: 296-320.

Schiepers, O. J. G., M. C. Wichers y M. Maes. 2005. «Cytokines and major depression». *Progress in Neuro-Pharmacology & Biological Psychiatry,* 29: 210-217.

Seligman, M. E. P. 1972. «Learned helplessness». *Annual Review of Medicine,* 23: 407-412.

Skarupski, K. A., C. Tangney, H. Li, B. Ouyang, D. A. Evans y M. C. Morris. 2010. «Longitudinal association of vitamin B_6, folate, and vitamin B_{12} with depressive symptoms among older adults over time». *The American Journal of Clinical Nutrition,* 92: 330-335.

Stein, D. J., V. Ives-Deliperi y K. G. F. Thomas. 2008. «Psychobiology of mindfulness». *CNS Spectrum,* 13: 752-756.

SOBRE EL AUTOR

Rick Hanson es neuropsicólogo y autor del libro *El cere-bro de Buda*, que ha sido publicado en veinte idiomas. Es fundador del *Wellspring Institute for Neurosciencie and Contem-plative Wisdom* (Instituto Wellspring de Neurociencia y Sabi-duría Contemplativa) y afiliado del Greater Good Science Center de la Universidad de California, en Berkeley. Ha en-señado en Oxford, Stanford y Harvard, así como en centros de meditación de todo el mundo, y vive con su familia en el área de la bahía de San Francisco. Visita www.rickhanson.net para tener acceso a numerosos recursos gratuitos.

ÍNDICE